오랜 세월로 빚은
역사 유적지

한눈에 펼쳐 보는 전통문화 ㉒
오랜 세월로 빚은 역사 유적지

초판 1쇄 인쇄 | 2013년 7월 25일
초판 1쇄 발행 | 2013년 7월 31일

지은이 | 정민지
그린이 | 지문

발행인 | 양원석
편집장 | 전혜원
기획 및 편집 | 김경애
디자인 | 씨오디 Color of Dream
마케팅 | 김경만, 곽희은, 우지연, 송기현
해외저작권 | 황지현, 지소연
제작 | 문태일, 김수진

펴낸곳 | (주)알에이치코리아
주소 | (153-802) 서울특별시 금천구 가산디지털2로 53, 20층 (한라시그마밸리)
문의 | 02-6443-8869(내용), 02-6443-8838(구입), 02-6443-8962(팩스)
등록 | 2004년 1월 15일 제2-3726호

ISBN 978-89-255-5102-9 (74380)
ISBN 978-89-255-4384-0 (세트)

* 값은 책 뒤표지에 있습니다.
* 이 책은 저작권법에 따라 보호를 받는 저작물이므로 무단 전재와 무단 복제를 금하며,
  이 책 내용의 일부를 이용하시려면 반드시 저작권자와 (주)알에이치코리아의 서면 동의를 받아야 합니다.
* 잘못 만들어진 책은 구입하신 곳에서 교환해 드립니다.
* 모서리가 날카로워 다칠 수 있으니 사람을 향해 던지거나 떨어뜨리지 마십시오.

RHK 는 랜덤하우스코리아의 새 이름입니다.

한눈에 펼쳐 보는 전통문화 ㉒

오랜 세월로 빚은
역사 유적지

글·정민지 그림·지문

주니어 RHK

시리즈 소개
한눈에 펼쳐 보는 전통문화

〈한눈에 펼쳐 보는 전통문화〉는 어린이들에게 한국인으로서의 긍지와 뿌리를 심어 주는 전통문화 시리즈입니다. 재미있는 한 편의 이야기를 읽다 보면 자연스레 우리 조상들의 슬기와 지혜를 엿볼 수 있어요. 정확한 설명과 그림 정보들을 통해 우리 전통문화 유산에 대한 지식을 쌓을 수 있습니다. 또한 책 속 부록으로 제시된 '한눈에 펼쳐 보는 전통문화' 코너를 통해 본문 이야기 속에 제시된 전통문화 정보를 한눈에 파악할 수 있어요.

재미있는 이야기와 풍부한 정보가 가득합니다!

조상들의 생활과 풍습에 관한 재미있는 이야기, 역사와 문화재에 대한 올바른 정보, 자랑스러운 국보와 과학 기술이 돋보이는 주거 생활, 다양한 도구들, 예로부터 전해져 내려오는 바른 먹을거리, 복식 문화 등 우리나라의 전통문화를 총망라하여 내용을 구성하였습니다.

쉽고 자세한 그림으로 어린이들의 이해를 돕습니다!

이야기에 나오는 재미 위주의 장면 그림보다는 정보 부분에 해당하는 그림만 수록하여 보다 쉽고 자세하게 전통문화 관련 정보를 익힐 수 있도록 했습니다. 특히 주제별로 하나씩 큰 그림들을 모아 책 속 부록으로 재구성한 '한눈에 펼쳐 보는 전통문화' 코너를 통해 그림만 살펴보더라도 전통문화를 쉽게 파악하여 지식을 쌓을 수 있습니다.

한 편의 재미있는 이야기 속에
권별 주제와 관련된 정보가
알차게 담겨 있어요.

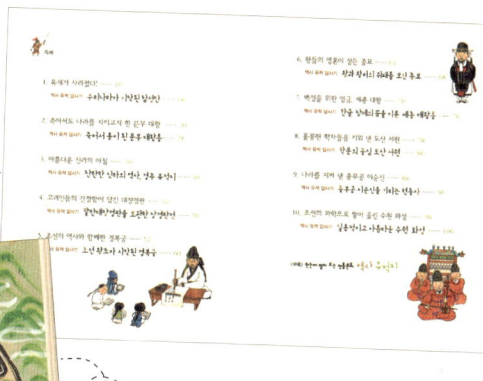

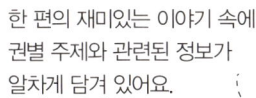

어린이들이 이해하기 쉬운 그림을 통해
전통문화를 설명하고 있어요.

이야기 속에 등장한 전통문화
관련 정보를 한눈에 파악할
수 있도록 구성하였어요.

〈교과연계표〉 오랜 세월로 빚은 역사 유적지

학년	교과목	단원
3학년	1학기 [사회]	3. 고장의 생활과 변화 (고장의 문화유산)
4학년	1학기 [도덕]	5. 자랑스러운 우리나라 (우리는 전통 지킴이)
5학년	1학기 [사회]	1. 하나 된 겨레 (최초의 국가 고조선, 삼국의 성립과 발전)
		2. 다양한 문화를 꽃피운 고려 (후삼국 통일)
		3. 유교 전통이 자리 잡은 조선 (조선의 건국과 한양)

시리즈 소개 5

 차례

1. 옥새가 사라졌다! …… 10
   역사 유적 답사기 우리나라가 시작된 참성단 …… 18

2. 죽어서도 나라를 지키고자 한 문무 대왕 …… 20
   역사 유적 답사기 죽어서 용이 된 문무 대왕릉 …… 28

3. 아름다운 신라의 아침 …… 30
   역사 유적 답사기 찬란한 신라의 역사, 경주 유적지 …… 40

4. 고려인들의 간절함이 담긴 대장경판 …… 42
   역사 유적 답사기 팔만대장경판을 보관한 장경판전 …… 50

5. 조선의 역사와 함께한 경복궁 …… 52
   역사 유적 답사기 조선 왕조가 시작된 경복궁 …… 60

6. 왕들의 영혼이 잠든 종묘 …… 62
   역사 유적 답사기 **왕과 왕비의 위패를 모신 종묘** …… 68

7. 백성을 위한 임금, 세종 대왕 …… 70
   역사 유적 답사기 **한글 창제의 꿈을 이룬 세종 대왕릉** …… 76

8. 훌륭한 학자들을 키워 낸 도산 서원 …… 78
   역사 유적 답사기 **학문의 중심 도산 서원** …… 86

9. 나라를 지켜 낸 충무공 이순신 …… 88
   역사 유적 답사기 **충무공 이순신을 기리는 현충사** …… 96

10. 조선의 과학으로 쌓아 올린 수원 화성 …… 98
    역사 유적 답사기 **실용적이고 아름다운 수원 화성** …… 106

〈부록〉 한눈에 펼쳐 보는 전통문화 **역사 유적지**

여는 글

오랜 세월로 빚은
역사 유적지 이야기

가만히 깜깜한 밤하늘의 별을 바라보세요. 그럼 별것도 아닌 일로 엄마에게 화내고, 친구들과 다투었던 일들이 부끄럽게 여겨질 거예요. 저렇게 끝도 없이 넓은 우주에서 나란 존재가 얼마나 작은 사람인지, 화를 내고 서운해 했던 일들이 또 얼마나 사소한 것인지를 깨닫게 될 테니까요. 그러면 내가 정말 중요하게 생각하고, 잊지 말아야 할 것이 무엇인지 다시 한 번 생각해 보게 될 거예요.

우리나라의 역사 유적지를 둘러보고 있노라면 밤하늘의 별을 바라보는 것처럼 깊은 생각에 빠지게 될 거예요. 밤하늘이라는 '공간' 못지않게 역사 유적지는 오랫동안 이어져 온 '시간'이라는 감동을 받게 되거든요. '지금 내가 밟고 서 있는 이 땅에는 언제부터 우리 조상들이 살고 있었을까? 어떻게 이런 것들을 만들어 낼 수 있었을까? 조상들이 만들어 낸 멋

진 문화유산들이 얼마나 훌륭하고 고마운 것인가?' 등을 생각하다 보면, 오랜 세월을 견뎌 온 작은 돌멩이 하나하나까지도 무척 의미 있게 느껴질 거예요.

역사 유적지에 가 보면 시간을 거슬러 올라가 옛날로 돌아간 듯한 기분을 느낄 수 있어요. 오랜 세월에 걸쳐 차곡차곡 쌓인 조상들의 발자취를 눈으로 직접 확인할 수 있어서 마치 타임머신을 타고 시간 여행을 하는 것 같지요. 뿐만 아니라 우리의 역사를 알아가는 일은 지금 이 시대를 살아가고 있는 나를 이해하고 알아가는 일과 버금가지요.

도난당한 옥새를 되찾기 위해 신비한 단검이 알려 주는 역사 유적지를 향해 떠난 민 종사관과 궁녀 선화, 다모 정연을 따라가다 보면, 우리나라 곳곳의 대표적인 역사 유적지에 대해 알게 되고, 어느새 세상 보는 넓고 깊은 눈도 갖게 될 거예요!

마니산 참성단
옥새가 사라졌다!

　　　　　　유난히 매서운 바람이 불던 날, 조선의 왕은 갑작스레 세상을 떠나고 말았어요.

"흑흑, 이리도 부족한 저를 남겨 두고 갑자기 세상을 떠나시다니요! 어리고 힘 없는 제가 어찌 기세등등한 관리들을 다스릴 수 있겠습니까?"

어린 세자는 아버지를 떠나보내며 하염없이 눈물을 흘렸어요.

얼마 후, 세자는 마음을 추스르기도 전에 왕의 자리에 오르게 되었어요. 가뭄 때문에 가난한 백성은 더욱 늘고, 포악한 관리들은 자기 창고만 채울 생각을 하던 바로 그때 말이에요.

비록 왕은 어렸지만 어진 마음으로 백성을 위한 정치를 하고 싶었

단군이 하늘에 제사를 지내던 참성단

단군 신화를 보면 단군왕검은 환웅과 웅녀 사이에서 태어나 우리나라 최초의 국가인 고조선을 세웠다고 되어 있어요.
단군왕검은 봄과 가을에 마니산 참성단에 와서 하늘에 제사를 지냈다고 해요.

어요. 하지만 왕의 자리를 넘보는 세력들 때문에 아무 일도 할 수가 없었어요.

어린 왕은 왕권을 강화하기 위해 여러 가지 노력을 했어요. 단군 이래로 신성하게 여긴 마니산에 행차하는 일도 그중 하나였어요. 왕은 채비를 마치고 마니산에 있는 참성단으로 향했어요. 이 땅에 나라를 처음 세운 단군왕검에게 제사를 지

내기 위해서였어요. 마니산으로 향하는 길에 왕은 잠시 하늘을 올려다보며 속으로 말했어요.

'단군왕검! 부디 저에게 지혜와 힘을 주시어 부정부패한 관리들로 인해 고통받는 백성을 구할 수 있도록 해 주세요!'

왕이 마니산으로 행차를 떠나고 얼마 지나지 않아서 궁궐 한쪽에서는 수상한 움직임이 있었어요. 어린 왕을 반대하는 세력의 무사들이 상서원을 지키고 있던 관원들을 해치고 옥새를 훔쳐 달아난 것이에요. 상서원에서 청소를 하고 있던 궁녀 선화가 그 장면을 목격했어요.

"세상에!"

선화는 손으로 제 입을 막으며 건물 뒤로 몸을 숨겼어요. 그리고 그들이 나누는 대화를 가만히 엿들었어요.

키가 큰 무사가 옥새를 손에 들고서는 덜덜 떨며 키가 작고 얼굴에 수염이 난 무사에게 물었어요.

"어르신께서 이 옥새를 어디에 두라고 하셨어요?"

"옥새는 조선에서 가장 중요한 것인 만큼, 반드시 우리 역사의 주춧돌이 되는 곳에 숨기라고 하셨네!"

"그런 곳이 어딘데요?"

"그곳은 바로……."

수염이 난 무사는 키가 큰 무사의 귀에 작은 소리로 속삭였어요. 선화는 열심히 들어 보려 귀를 기울였지만 도통 들리지가 않았어요.

그들이 사라진 자리에는 무언가 반짝이는 것이 있었어요. 가까이 가 보니 그들이 떨어뜨리고 간 단검이었지요. 단검에는 알 수 없는 암호가 새겨져 있었어요. 선화는 그것을 들고 평소에 강직하기로 소문난 민 종사관에게 달려가 이 사실을 알렸어요.

"그게 사실이냐?"

민 종사관은 화들짝 놀랐지만 목소리를 낮추어 물었어요.

"네, 사실이에요!"

선화는 맑은 눈을 동그랗게 뜨고 고개를 끄덕였어요.

민 종사관은 다모인 정연을 급히 불렀어요. 다모는 조선시대의 여자 경찰이에요. 민 종사관은 말을 타고 왕이 있는 마니산으로 향했어요. 그 뒤를 따라 정연이 뒤에 선화를 태우고 말을 몰았지요. 민 종사관 일행이 마니산 참성단에 도착했을 때는 왕이 하늘에 제사를 지내며 단군을 기리는 기도를 하고 있던 중이었어요.

"전하!"

왕이 제례를 마치고 돌아서는데 민 종사관이 한쪽 무릎을 꿇고 말했어요.

"민 종사관이 여기까지 어쩐 일이오?"

왕은 평소 믿고 의지하던 민 종사관이 눈앞에 서 있어서 반가운 마음에 보통의 소년처럼 활짝 웃으며 물었어요. 민 종사관은 옥새가 도난당한 것에 관해 자초지종을 설명했어요.

단군왕검에게 제사 지내는 풍습

개천절은 '하늘이 열린 날'이라는 뜻으로 우리나라에 처음으로 나라가 세워진 것을 기념하는 날이에요. 그래서 요즘도 10월 3일이 되면 참성단에서 단군왕검의 제사를 지낸답니다. 참성단을 신성하게 여기는 풍습은 지금도 이어지고 있어서 우리나라에서는 전국체육대회가 시작되면 이곳에서 성화의 불씨를 얻지요.

대대로 참성단에서 제사를 지내던 왕들

삼국시대에 고구려, 백제, 신라의 왕들이 참성단에서 제사를 지냈다는 기록이 있어요. 이곳에서 제사를 지내는 풍습은 조선시대까지 계속되었어요.

"아니! 어찌 그런 일이 있단 말이오!"

민 종사관의 말을 들은 왕은 불같이 화를 냈어요. 민 종사관은 선화가 주운 단검도 왕에게 보여 주었어요.

"이 단검은 아버지인 선왕께서 무척이나 아끼던 것이오! 어찌 이것을 그자들이 떨어뜨리고 갔단 말이오? 이곳은 신성한 곳이니 마니산

아래로 내려가서 이야기합시다."

왕은 침통한 표정으로 산을 내려갔어요.

옥새는 왕의 도장이에요. 나라와 관련된 온갖 문서에 찍어야 할 아주 중요한 도장이지요. 뿐만 아니라 왕의 권력과 정통성을 상징하는 것으로, 왕위를 물려받을 때 옥새도 함께 물려받아요. 그런 만큼 옥새를 잃어버린다는 것은 왕으로서 엄청나게 큰 시련을 의미했어요.

산을 내려온 왕은 민 종사관과 다모 정연, 그리고 범인을 목격한 선화를 조용히 불렀어요.

"옥새를 잃어버린 것은 절대로 비밀로 해야 합니다. 이 사실이 알려진다면 궁궐은 더 혼란에 빠질 것이고, 왕좌를 노리는 세력들은 이때를 노리고 덤벼들 거예요. 그러니 조용히, 최대한 빨리 옥새를 되찾아야 하오. 이 일은 이 자리에 있는 세 사람이 맡아 주었으면 하오. 분명 나의 자리를 노리고 있는 자들의 소행일 것이오. 그러니 뒤에는 더 큰 음모가 기다리고 있지 않겠소? 절대로! 그들의 뜻대로 되지 않도록 해야 하오."

"제 목숨을 걸고 옥새를 찾아오겠습니다!"

민 종사관은 고개를 숙이고 비장하게 말했어요.

"내가 도울 수 있는 한 그대들을 돕겠소! 그리고 이 단검은 그들이 옥새와 함께 훔쳐 가려다 떨어뜨린 것이니 어쩌면 단서가 될 수도 있을 것이오. 그러니 그대들이 가지고 가도록 하시오."

왕은 간절한 마음으로 민 종사관 일행에게 말했어요.

왕의 명령을 받고 일행은 길을 나섰어요. 하지만 그들의 행적을 찾을 수가 없어 우선 작전 회의부터 하기로 했지요. 민 종사관은 선화에게 이것저것 물어보았어요.

"역사의 주춧돌이 되는 곳에 숨긴다고 했지?"

"네, 분명히 그렇게 말했어요."

민 종사관은 선왕의 단검을 꺼내 자세히 살펴보았어요. 단검의 손잡이에는 반짝이는 금과 화려한 보석들로 장식이 되어 있었어요.

"손잡이에 무슨 암호가 새겨져 있는 것 같아! 중요한 뜻을 담고 있을 텐데 도무지 무슨 뜻인지 모르겠어!"

그때 정연이 열심히 단검을 들여다보며 말했어요.

"이건 우리나라 지도를 세 개로 나누어 글자처럼 그려 놓은 것 같아요."

"아, 그렇구나!"

민 종사관은 그제야 알겠다는 듯 말했어요.

"그리고 여기! 지도 위에 아홉 개의 작은 보석이 박혀 있어. 아마도 여기 점을 찍어 놓은 곳마다 어떤 의미가 있을 텐데. 어쩌면 그들은 보석이 박혀 있는 지역 어딘가에 옥새를 숨겨 두었을지도 몰라."

민 종사관은 뭔가 실마리를 찾을 수 있을 것만 같았어요. 그때 단검에 박힌 하얀색 보석 하나가 푸른 빛을 내며 유난히 반짝였어요. 그 모습을 본 선화가 말했어요.

"여기 보세요! 단검에 있는 보석이 스스로 빛깔을 바꾸었어요! 이 단검은 보통 칼이 아닌 것 같아요!"

"그렇다면 우선 이 보석이 가리키는 곳으로 가보자꾸나!"

역사 유적 답사기
우리나라가 시작된 참성단

참성단은 이 땅에 처음 나라를 세운 단군왕검이 하늘에 제사를 지내던 곳이에요. 그리 웅장하거나 세련되지는 않았지만, 약 4000년 전의 우리 문화를 보여 주는 뜻 깊은 역사 유적지랍니다.

상단부는 사각형 모양으로 땅을 뜻해요.

자연석으로 쌓아올린 참성단
참성단은 오랜 세월을 견디면서 여러 번 고쳐 지었어요. 1639년 인조 때와 1700년 숙종 때 다시 손보았다는 기록이 있어요.

하단부는 원형 모양으로 하늘을 뜻해요.

둥근 하늘과 네모난 땅
옛날 사람들은 하늘은 둥글고 땅은 네모나다고 생각했어요. 그래서 참성단을 만들 때도 둥근 기단에 네모난 제단을 쌓아 만들었지요.

참성단에서 이어지는 암릉
참성단 근처에 있는 정수사라는 사찰까지 가는 길은 암릉으로 되어 있어요. 바위로 된 능선을 암릉이라고 해요. 이곳은 넓적한 바위들이 겹겹이 쌓여 참성단과 더불어 장관을 이루고 있어요.

해발 467m의 아름다운 경관
마니산 참성단은 해발 467미터로, 산길을 따라 한 시간 정도 올라가면 멋진 바다를 배경으로 하는 참성단을 만날 수 있어요.

조선시대에 만든 참성단 중수비
참성단 근처에는 자연 암벽에 새긴 참성단 중수비가 있어요. 강화 유수 최석항이 순찰을 하다가 참성단이 무너진 것을 보고 수리하도록 시켰다는 내용이 담겨 있지요.

문무 대왕릉

죽어서도 나라를
지키고자 한 문무 대왕

푸른색으로 반짝이던 단검의 보석은 경주 근처 동해를 가리켰어요. 민 종사관 일행은 말을 타고, 산 넘고 물 건너 겨우 동해에 다다랐어요.

"와! 정말 멋진 바다예요. 그런데 보석이 가리키는 곳은 어디일까요?"

선화가 민 종사관에게 물었어요.

"어쩌면 그자들이 옥새를 숨기려 한 우리나라 역사의 주춧돌이 되는 곳과 관련이 있을지도 몰라. 그러니 그들이 이 단검을 함께 훔치지 않았을까?"

민 종사관이 말했어요. 그러자 발이 빠른 다모 정연이 지나가는 동네 어부에게 물었어요.

"이곳에 역사적으로 아주 중요한 곳이 있나요?"

그러자 어부는 어깨에 메고 있던 어망을 내려놓더니 껄껄 웃으며 말했어요.

"허허! 그것도 모르시오? 당연히 있고 말고!"

"그곳이 어디입니까?"

민 종사관이 다급하게 물었어요.

"바다를 따라 저쪽으로 삼십 분 정도 내려가다 보면 있소이다! 나라의 지존이 계신 곳이지!"

어부는 다시 어망을 어깨에 메고 가던 길을 갔어요.

민 종사관 일행은 어부가 가리킨 곳을 향해 달려갔어요. 한참을 달려가고 있는데 저 멀리 바다에 커다란 바위들이 보였어요. 그때 민 종사관 머릿속으로 반짝 떠오르는 것이 있었어요.

"아, 문무 대왕릉!"

민 종사관이 외치자 다모 정연도 맞장구를 쳤어요.

"맞아요! 그곳이라면 옥새처럼 중요한 것을 숨겨 두기에 아주 좋겠어요. 누구라도 그 신성한 곳에 배를 타고 찾아가 살펴보지는 않을 테니까요. 어부들도 문무왕의 깊은 뜻을 알기에 그곳에서는 물고기도 잡지 않는다고 하잖아요."

하지만 선화는 상상이 되지 않았어요. 문무왕의 무덤에 대해서 잘 몰랐거든요.

"배를 타고 가야 하는 왕릉도 있어요? 무덤이 바다에 있다고요? 물 위에요?"

민 종사관 일행은 문무 대왕릉과 가까운 해변에 도착했어요.

"저기가 문무 대왕의 능이야."

민 종사관이 겸허한 마음으로 말했어요. 하지만 선화는 여전히 두리번거리고 있었어요.

"왕릉이 어디에 있다는 거예요?"

"바로 저기야!"

민 종사관이 바다를 가리키며 말했어요. 그제야 선화의 눈에 커다란 바위들이 모여 있는 곳이 보였어요.

민 종사관 일행은 작은 배를 빌려 타고 문무 대왕릉이 있는 곳으로 갔어요. 선화는 왕릉을 보며 떠오른 생각을 말했어요.

"왕이라면 죽어서도 금은보화로 치장하고 값진 것들과 함께 땅에 묻히는 게 보통 아니에요? 문무왕은 왜 이렇게 험한 곳에 무덤을 만든 걸까요?"

민 종사관은 문무 대왕릉에 예의를 갖추어 절을 하고는 선화에게 대답했어요.

"그건 바다만큼 깊고도 넓은 문무왕의 바람이 있었기 때문이야. 문무왕이 이 땅을 다스리던 신라시대에는 왜구가 종종 바닷

동해에 우뚝 솟은 '대왕암'
문무 대왕릉은 자연석을 바다에 세워서 만든 문무 대왕의 수중 능이에요. 문무 대왕릉이 있는 곳에 살던 사람들은 오래전부터 '대왕암'이라고도 불렀어요.

삼국 통일을 이룬 문무 대왕
신라의 30대 왕으로 무열왕의 맏아들이에요. 김유신과 함께 백제와 고구려를 멸망시키고 중국 당나라 군대를 몰아내고 삼국 통일을 이루었어요.

가 마을에 쳐들어와서 신라의 백성들을 괴롭혔어. 그래서 특히 바닷가 마을에 사는 사람들이 많은 재산과 목숨을 잃었어. 그것을 무척 마음 아파했던 문무왕은 왜적이 들끓던 동해안에 군사들을 늘려 왜적과 싸웠지. 하지만 왜적을 소탕하기 전에 죽음을 맞이하게 되자, 죽어서도 용이 되어 나라를 지키겠다는 다짐과 함께 장례식은 검소하게 치르고 자신의 시신은 불에 태워 동해에 뿌려 달라고 하셨어."

민 종사관의 말을 들으니 선화는 마음이 경건해졌어요.

"백성을 지키려는 의지가 지금도 그대로 느껴지네요. 종사관님의 말대로 문무 대왕릉이야말로 우리나라 역사의 주춧돌이 되는 곳이라고 할 수 있겠네요. 나라와 백성을 지키려는 왕의 마음이야말로 무엇보다 중요한 것이잖아요."

민 종사관 일행의 배가 문무 대왕릉에 도착했어요. 그런데 수상한 자들이 문무 대왕릉의 뒤편에 작은 배를 숨겨 두고 작업을 하고 있었어요. 그들은 연신 바다 깊이 잠수를 하며 무언가를 찾고 있는 듯했지요. 그러다가 민 종사관 일행을 보자 화들짝 놀라 달아나려 했어요. 민 종사관과 다모 정연은 재빨리 물속으로 헤엄쳐 가서 그들과 격투를 벌였어요. 커다란 바위로 만들어진 수중 능 사이를 오가며 격투를 벌이다가 몇몇은 배를 타고 도망가 버렸고 그들 중 겨우 한 사람을 생포할 수 있었어요.

"이처럼 신성한 문무 대왕릉에서 대체 무엇을 하고 있었던 게냐? 사실대로 말하지 않는다면 너는 무사하지 못할 것이다!"

민 종사관은 그 사람을 배에 태우고 무섭게 다그쳤어요.

"나는 잘 모르오!"

그 사람은 처음부터 딱 잡아뗐어요. 그러자 민 종사관이 다시 부드럽지만 진지한 표정으로 말했어요.

"이곳은 자네도 알다시피 문무 대왕의 능이오! 죽어서도 용이 되어 나라를 지키고자 했던 문무 대왕의 능 앞에서 거짓을 말한다면 자네는 천벌을 받을 것이오! 어딘가에 있을 만파식적의 저주가 무섭지도 않소?"

잡혀 있던 사람은 결국 민 종사관의 설득에 넘어갔어요.

"사실 나는 시키는 대로 한 것뿐이오. 나도 병든 어머니 약값이 필요해서 이 말도 안 되는 일을 시작했다오. 그러니 나와 어머니의 목숨만은 좀 살려 주시오!"

전설 속의 피리, 만파식적

신라시대에 이야기로 떠돌던 전설 속 피리예요. 죽어서 바다를 지키는 용이 된 문무왕과 죽어서 하늘의 신이 된 김유신이 마음을 합해 동해의 작은 섬에 대나무를 보냈어요. 문무왕의 아들인 신문왕이 그 대나무를 베어 만든 피리가 바로 만파식적이에요. 신무왕이 만파식적을 부니 적군이 물러가고 질병이 낫는 등 모든 근심과 걱정이 사라졌다고 해요. 그래서 그 피리를 나라의 보물로 여겼답니다.

만파식적 설화의 의의

신라는 삼국을 통일하고 백제와 고구려 유민들의 마음을 한데 모으길 원했어요. 만파식적 설화에는 신라 왕실의 보호 아래 모든 백성이 평화를 누리기를 바라는 마음이 담겨 있어요.

민 종사관은 그들의 목숨을 지켜 주겠다는 약속을 했어요. 그러자 그 사람은 자신이 알고 있는 것을 사실대로 털어놓았어요.

"대대로 왕실에서 비밀리에 전해지던 엄청난 양의 금은보화가 있다는 사실을 알고 있소?"

"소문으로 들어 본 적은 있소."

"나라가 위기에 처했을 때 사용하려고 모아 둔 그 금은보화가 어디에 있는지는 아무도 모르지만 선왕이 남기신 '신비한 단검'이 그 열쇠라 들었소. 그 단검은 왕실에서 대대로 전해지던 것인데 선왕이 갑자기 돌아가시는 바람에 그것의 비밀을 지금의 왕에게 전하지 못했다고 말이오. 그 비밀을 알고 있는 사람은 선왕을 오래도록 모시던 높은 관리라 들었소. 그자가 단검에 새겨진 아홉 개의 비밀 장소를 알게 되었고, 이곳이 바로 그 아홉 장소 중의 하나라 들었소. 그래서 난 명령대로 이곳에 금은보화가 있는지 찾아보았으나 그 흔적을 아직 찾지 못했소."

"그럼, 옥새에 대해서는 들은 바가 없소?"

민 종사관이 물었어요.

"없소! 옥새에 관해서는 정말 아는 바가 없소."

민 종사관은 머릿속이 복잡했어요. 그리고 최근 궁궐 안팎에서 떠돌고 있는 소문이 생각났어요. 역사적으로 중요한 곳에 왕실의 보물이 묻혀 있다는 것과 그곳에 옥새를 가져가는 사람이 진정한 왕이 되어 나라를 태평하게 이끌 것이라는 소문 말이에요.

"왕실의 보물이 역사적으로 중요한 곳에 묻혀 있다는 소문은 진짜인 모양이야. 하지만 그곳에 옥새를 가져가는 사람이 진정한 왕이 되어 태평성대를 누린다는 소문은 뭐지?"

민 종사관이 중얼거리자 선화가 대꾸했어요.

"왕의 자리를 빼앗으려는 자들이 꾸며낸 소문이겠지요!"

민 종사관 일행은 문무 대왕릉에서 있었던 일을 적은 편지를 매의 다리에 묶어 왕에게 날려 보냈어요. 매는 하늘 높이 날아올라 한 바퀴 뱅그르르 돌더니 멀리 날아갔어요. 그때 민 종사관의 옆구리에 차고 있던 신비한 단검에서 다시 빛이 났어요. 신비한 단검은 민 종사관 일행을 어디론가 인도하려고 하는 듯했어요.

"이번에는 이곳과 가까운 곳에 있는 보석이 빛을 내는구나! 옥새가 여기 있을까? 서둘러 옥새를 찾아야 하는데!"

민 종사관이 말했어요.

"가 보면 알게 되겠지요! 신비한 단검이 알려 주는 곳이니 우선 그리로 가 봐요. 그곳에서 못된 무리들이 옥새를 가지고 무슨 일을 꾸미고 있을지 몰라요. 어쩌면 그곳에 왕실의 금은보화가 숨겨져 있는지도 모르죠."

선화는 용감하게 말하고는 말 위에 훌쩍 올라탔어요. 민 종사관 일행은 신비한 단검이 알려 주는 곳을 향해 열심히 말을 달렸어요.

역사 유적 답사기
죽어서 용이 된 문무 대왕릉

삼국을 통일하고 당나라를 몰아낸 문무왕은 죽을 때까지도 나라를 걱정했어요. 그래서 죽어서도 바다의 용이 되어 나라를 지키겠다며 바다에 묻히기를 바랐지요. 문무 대왕릉은 지금도 거센 파도를 맞으며 바다에 우뚝 솟아 있답니다.

용이 된 문무왕이 드나드는 감은사
문무왕이 짓기 시작해서 신문왕 때 완공했다는 감은사는 법당 아래에 구멍을 뚫어 두었다고 해요. 용이 된 문무왕이 그 구멍을 통해서 동해와 사찰을 오갈 수 있도록 말이에요.

문무 대왕릉이 내려다보이는 이견대
신문왕은 아버지의 유언대로 수중 능을 만들기는 했지만 아버지를 바다에 모신 것이 늘 마음에 걸렸어요. 그래서 가까운 곳에 이견대를 짓고 문무 대왕릉을 바라보며 절을 올렸어요.

수중 능 안을 잔잔하게 만드는 수로
육지에서 200미터 정도 떨어진 거리에 있는 문무 대왕릉은 동서남북으로 수로가 나 있어서 물이 고이지 않게 흐르면서도, 바위로 둘러싸여 있어 파도가 밀려와도 물살이 거칠지 않고 잔잔해요.

중앙에 놓여 있는 거북 모양 돌
바위로 둘러싸인 중앙에는 거북 모양의 커다란 돌이 놓여 있는데, 이곳에 문무왕의 유골을 보관했거나 화장한 가루를 뿌렸다고 해요.

경주 역사 유적지

아름다운
신라의 아침

신비한 단검이 가리키는 지역을 찾아가는 동안 불국사, 석굴암, 첨성대 등 많은 유적들이 모여 있는 경주 유적지가 나왔어요. 경주 유적지에는 신라의 찬란한 흔적들이 기품 있게 자리를 잡고 있었어요. 민 종사관 일행은 밤이 되자 길가에 있는 작은 주막에서 하룻밤을 지내고 아침 일찍 불국사로 가 보았어요.

나뭇가지에 조롱조롱 매달린 아침 이슬이 햇살을 받아 더욱 신비롭고 아름답게 빛났어요. 이른 아침의 불국사는 신성한 느낌이 들어 보는 사람의 마음을 차분하고 평화롭게 만들었어요.

선화는 불국사를 둘러보며 그 아름다움에 푹 빠졌어요.

"정말 아름다워요. 화려한 꽃이나 아름다운 여인을 보고 아름답다

고 하는 것과는 차원이 다른 아름다움이에요. 온 정성을 다해 만든 아름다운 사찰이 오랜 시간을 견디어 내어 자연과 어우러져 있는 모습은 정말 가슴이 벅찰 만큼 아름다운 것 같아요."

그렇게 선화가 한참 불국사의 정취에 빠져 있는데 어디에선가 툭탁툭탁하는 소리가 들렸어요.

"이게 무슨 소리지?"

민 종사관 일행은 소리가 나는 곳으로 가 보았어요. 불국사의 보배인 다보탑과 삼층 석탑이 있는 곳에서 수많은 군사들이 땅을 파며 이곳저곳을 뒤지고 있었어요. 스님들은 그들을 말려 보려 했지만 날카로운 칼날에 막혀 어쩌지를 못하고 있었지요.

"저들은 분명 옥새를 훔쳐 간 자가 보낸 군사일 거야. 그 수가 너무 많아 무모하게 덤빌 수가 없구나! 왕께 편지를 보냈으니 곧 군사들을 보내 주실 거야. 우리는 조금 더 기다려 보자!"

민 종사관의 말에 일행은 한쪽에서 그들의 행동을 살펴보았어요. 얼마 후, 왕이 보낸 편지를 다리에 묶은 매가 민 종사관 일행을 향해 날아왔어요. 민 종사관은 일행과 함께 그 편지를 읽어 보았지요.

'왕실의 금은보화에 대해서는 선왕께 언뜻 들은 적은 있었으나 그것에 대한 자세한 이야기는 들은 바가 없소. 아마도 선왕께서 갑작스레 세상을 떠나시는 바람에 그와 관련된 이야기를 해 주시지 못한 것 같소. 하지만 이제 와서 생각해 보니 선왕께서 나라의 위기가 닥

쳤을 때 신비한 단검을 찾으라고 하셨소. 그 단검이 내게 큰 도움이 될 것이라고. 아마도 단검에 그려진 지도가 가리키는 지역에 금은보화가 묻혀 있을 것 같구려. 하지만 너무나 안타까운 것은 기세등등한 신하들 때문에 내 마음대로 군사를 보내 줄 수 없다는 것이오. 부디 선왕의 단검을 통해 자네들이 나와 이 나라를 위기에서 구해 주길 바라오!'

왕의 편지를 읽고 난 일행은 절로 한숨이 나왔어요.

"우리 셋이 뭘 할 수 있겠어요?"

선화의 말에 민 종사관이 다시 군사들을 살피며 말했어요.

"우리에게는 신비한 단검이 있잖아?"

그때 민 종사관 일행을 발견한 주지 스님이 다가와 말했어요.

"정연아! 몰라볼 뻔했구나! 아주 훌륭하게 자라 주었어!"

"스님! 제가 얼마나 찾았는데, 여기에 계셨군요!"

정연은 기뻐서 어쩔 줄을 몰랐어요. 알고 보니 부모님을 일찍 잃은 정연을 한동안 돌보아 주었던 스님이 이곳의 주지로 있었던 거예요. 스님은 민 종사관 일행의 사연을 들었어요. 그러고는 조심스레 민 종사관에게 이야기를 꺼냈어요.

"이곳에는 왕실의 금은보화가 없어요. 저 군사들은 지금 헛고생을 하고 있는 것이지요."

"아니, 그럼 왜 이 단검이 이곳을 가리키고 있을까요?"

민 종사관이 물었어요.

"단검에 박힌 보석 중에 하나만 계속해서 반짝이던가요?"

"아니요. 전에는 문무 대왕릉을 가리키는 보석이 반짝이더니 지금은 경주의 유적지들을 가리키는 보석이 반짝이고 있어요."

"그 단검은 아주 오래전에 우리 절에서 만들었다오. 단검에 있는 아홉 개의 지역 중 한 곳에 왕실에서 아끼는 중요한 물건이 묻혀 있는 것은 맞소. 하지만 그것이 무엇인지는 나도 모르오. 스스로 빛을 내도록 만들었다는 이야기도 들어본 적이 없소. 신비한 단검의 능력이 아마도 당신들을 돕고 있는 듯하오. 당신들이 찾고 있는 것이 옥새라면 아마도 단검은 옥새가 있는 곳을 알려 주는 것이 아닐까 싶소. 누군가 옥새를 들고 왕실의 보물을 찾아다니고 있는 모양이구려. 조금 전까지 여기에서 사람들을 부리던 자가 있었는데 그자의 인상이 심상치 않았소. 검은 삿갓을 쓴 사람인데……."

"아! 저도 봤어요. 문무 대왕릉에 갔을 때 바닷가에서 검은 삿갓을 쓴 사람이 바다를 바라보고 있는 것을요!"

선화가 말했어요.

"아마도 그자가 옥새를 가지고 있는 모양이야!"

민 종사관이 소리쳤어요.

"그자는 석굴암이 있는 곳으로 갔소!"

스님의 말에 민 종사관 일행은 그자의 뒤를 쫓아 길을 나섰어요.

석굴암의 천장과 웅장한 본존불

360여 개의 넓적한 돌들로 본존불이 있는 주실 천장을 만들었어요. 이것은 현재의 기술로도 만들기 쉽지 않은 구조로, 신라시대의 뛰어난 건축 기술을 알 수 있어요.
명상을 하듯 반쯤 뜬 눈에 안정감 있게 가부좌를 하고 있는 본존불의 모습은 무척 아름다운 선으로 표현했어요. 본존불은 석굴암의 깊숙한 안쪽에 있는데도 햇빛이 반사되어 본존불을 비추고 있어요. 석굴암 본존불이 바라보는 곳을 연결해 보면 동해에 있는 문무 대왕릉에 이르러요.

곳곳에 만들어 놓은 환풍구

공기가 습하고 탁하기 쉬운 석굴암에는 환기가 잘 되도록 곳곳에 환풍구를 만들어 놓았어요.

석굴암의 과학적인 구조

석굴암은 반사광을 이용해 은은하게 햇빛이 들도록 하고, 바닥에 지하수를 흐르게 하여 공기 중에 있는 축축한 수증기가 차가운 바닥에 붙게 했어요.

"스님, 부디 건강하세요. 이번 일이 끝나면 꼭 다시 찾아 뵐게요."

정연은 길을 나서며 주지 스님에게 넙죽 큰절을 했어요.

민 종사관 일행은 말을 타고 석굴암에 도착했어요. 꽤 높은 곳에 자리를 잡은 석굴암 앞에 서니 시야가 탁 트여 굽이굽이 아름다운 산들과 옹기종기 모여 있는 마을의 지붕들이 참으로 아름다워 보였어요. 금방이라도 신령님이 나타나 '네 소원이 무엇이냐?' 하고 물을 것만 같은 신비로운 분위기를 가진 곳이었지요.

하지만 석굴암에는 검은 삿갓을 쓴 사람이 보이지 않았어요. 벌써 다녀갔는지 땅을 파낸 흔적만 보였지요.

민 종사관 일행은 남겨진 단서가 없는지 석굴암 안을 둘러보았어요. 안으로 들어가자 돌로 만든 거대한 부처가 인자한 표정으로 일행을 내려다보고 있었어요.

"아! 저 표정을 보고 있으니 저절로 마음이 착해지는 것 같아요."

먼저 선화가 감탄을 했어요.

"정말! 모든 욕심을 내려놓게 하는 신비한 곳이야. 이렇게 급박한 상황에서도 마음 한쪽이 행복해지는 것 같아."

정연도 선화의 옆에 서서 웅장한 불상의 매력에 빠져 버렸어요. 민 종사관도 넋을 놓고 불상을 보고 싶었지만 옥새를 찾아야 한다는 부담감 때문에 한시도 긴장을 늦출 수가 없었어요.

민 종사관은 고개를 숙여 짧게 인사를 하고는 곳곳을 살펴보았어요. 하지만 이번에도 아무런 흔적을 찾을 수 없었지요.

석굴암에서도 단서를 찾아내지 못한 민 종사관 일행은 힘 없이 산을 내려왔어요. 역참에 머물며 단검을 살펴보았지만 단검에 있는 아홉 개의 보석들은 아무 빛도 내지 않았지요. 그때 매 한 마리가 왕의 편지를 다리에 묶은 채 다시 날아왔어요. 왕이 보낸 편지에는 다음과 같이 적혀 있었어요.

'부디 빠른 시일 내에 옥새를 되찾아 주길 바라오.

청나라 사신이 찾아왔는데 그들에게 보내야 할 문서에 옥새를 꼭 찍어야 하오. 그렇지 않으면 내가 옥새를 분실했다는 사실이 세상 모든 사람들에게 알려질 것이오. 벌써부터 궁궐 안에는 자격이 없는 어린 왕이 옥새를 분실했다는 소문이 돌기 시작했다오. 어렵겠지만 부디 서둘러 주시오!'

왕의 간곡한 마음이 담긴 편지를 받고 나니 민 종사관은 마음이 무척 아팠어요. 일분일초라도 더 빨리 옥새를 찾아야겠다는 생각이 들었지요. 그때 단검에 있는 아홉 개의 보석들 중 하나가 반짝반짝 푸른빛을 내기 시작했어요.

"어서 떠나자!"

민 종사관은 서둘러 봇짐을 챙겨서 말에 올라탔어요. 선화와 정연도 말에 올라 뒤따랐어요.

단검이 가리키는 곳을 향해 떠나던 민 종사관 일행은 첨성대를 지나다가 주위에 모여 수군거리는 사람들을 보았어요.

"무슨 일이오?"

정연이 가서 물어보았어요.

"이 첨성대에서 이러한 종이가 발견되었다오!"

구경하던 사람이 건네준 종이에는 '나라가 혼란에 빠진 것은 어리고 부족한 왕 때문이다. 곧 태평성대를 이룰 새로운 왕이 나타날 것이다.'라고 쓰여 있었어요.

가장 오래된 천문 관측대인 첨성대

예로부터 우리나라의 왕들은 끊임없이 하늘의 움직임을 연구하도록 했어요. 농사를 짓는 백성들에게 날씨와 계절은 무척 중요했거든요.

'별을 살핀다'는 뜻을 가진 첨성대는 동양에서 가장 오래된 천문 관측대예요. 신라 선덕여왕 때 만들어졌어요. 첨성대를 쌓은 돌의 수는 362개로, 음력으로 1년 동안의 날짜 수와 같아요.

"다른 곳도 아니고 이렇게 하늘의 움직임을 살피는 신성한 첨성대에서 이런 글귀가 발견되었으니 뒤숭숭할 수밖에! 안 그러우?"

종이를 건네준 사람이 정연에게 말했어요. 정연은 민 종사관에게도 종이를 보여 주었어요.

"아무래도 반대 세력이 소문을 만들어 내고 있는 것 같아. 비겁하게 우리의 소중한 역사 유적지를 이용하다니!"

민 종사관은 우뚝 서 있는 첨성대를 바라보며 종이를 힘껏 구겨 버렸어요.

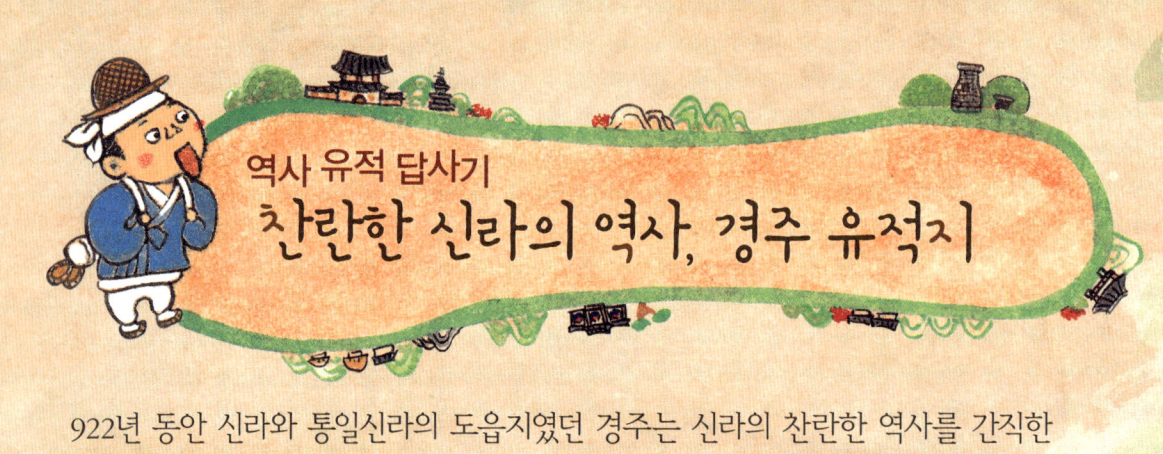

역사 유적 답사기
찬란한 신라의 역사, 경주 유적지

922년 동안 신라와 통일신라의 도읍지였던 경주는 신라의 찬란한 역사를 간직한 유적지들로 가득하지요. 불교의 꽃을 피운 사찰, 왕이 머물던 궁궐 터, 왕의 무덤이 모여 있는 대릉원 등 도시 전체가 수많은 문화재로 가득한 박물관이랍니다.

신라 왕가의 무덤

경주에 가면 동산처럼 커다란 능을 많이 볼 수 있어요. 왕과 왕비, 귀족들이 묻혀 있는 능이 250기나 되지요. 그중에 천마도를 비롯한 많은 유물이 발견된 '천마총'이 유명해요.

신라의 왕궁 터, 월성

경주에는 신라 왕궁의 터가 남아 있어요. 반달 모양을 닮았다 하여 월성이라 했지요. 지금은 터만 남아 있지만 그 흔적만으로도 경주가 신라 정치의 중심이었다는 것을 알 수 있어요.

신라 불교 미술의 꽃, 석굴암

토함산 중턱에 있는 석굴암은 불국사와 마찬가지로 당시 재상이던 김대성의 지휘 아래 지어졌어요.
774년에 완성된 석굴암의 원래 이름은 '석불사'였어요. '석굴암'은 석불사의 승려들이 머물며 생활하던 곳이었지요. 그런데 일제 강점기를 거치며 일본인들이 이름을 혼동하여 석불사를 '석굴암'으로 부르게 되었답니다.

안개를 토해 내는 토함산

안개를 토해 낸다는 뜻을 가진 토함산은 예로부터 신성하게 여겨졌어요. 토함산에는 불국사와 석굴암이 있는데 두 사찰 모두 세계문화유산으로 지정되어 보존되고 있답니다.

부처님의 나라, 불국사

'부처님의 나라'라는 뜻을 가진 불국사는 과거와 현재, 미래의 부처가 머무는 평화로운 세상을 꿈꾸는 사람들의 마음이 담긴 사찰이에요.

해인사 팔만대장경판

고려인들의 간절함이 담긴 대장경판

단검이 가리키는 곳은 가야산이었어요. 민 종사관 일행은 말에서 내려 인적이 드문 가야산을 오르기 시작했어요. 한참을 올라갔지만 아무것도 나오지 않았어요. 그저 울창한 나무들과 약초를 캐고 있는 동자승뿐이었지요. 동자승은 머리도 동글동글, 눈동자도 동글동글해서 무척이나 귀여웠어요. 선화보다 네다섯 살은 어려 보였어요.

"동자 스님! 혹시 여기서 역사적으로 의미가 있는 곳이 어딘지 아십니까?"

다모 정연이 물었어요.

"어디서 왔기에 해인사도 모른단 말이에요?"

부처의 가르침을 중시하는 해인사

불교에서 중요하게 생각하는 불, 법, 승을 삼보라고 해요. 부처, 부처의 가르침, 승려를 뜻하지요. 그중 해인사는 부처의 가르침인 '법'을 중요하게 생각하는 법보사찰이랍니다. 해인사는 불보사찰인 통도사, 승보사찰인 송광사와 함께 우리나라 3대 사찰로 꼽히는 곳이에요.

깊고 푸른 가야산

팔만대장경판과 같이 귀중한 문화유산을 해인사에 보관한 것은 해인사가 있는 가야산의 깊은 산세 때문이에요. 가야산은 전쟁 중에도 적군의 눈에 잘 띄지 않아 피해가 적은 곳이에요.

동자승은 귀엽게 되물었어요.

"아, 가야산에 해인사가 있었군요! 어디로 가면 해인사로 갈 수 있습니까?"

이번에는 민 종사관이 물었어요.

"나를 따라오세요!"

동자승은 제법 어른스럽게 약초가 담긴 바구니를 들고 앞장섰어요. 동자승의 이름은 '동초'였어요.

"해인사가 역사적으로 의미 있는 사찰인가요?"

해인사로 가는 길에 선화가 정연에게 물었어요.

"그럼, 물론이지. 고려 사람들이 원나라의 침입을 받았을 때 불교의 힘으로 적을 물리치려고 온 정성을 다해 만든 팔만대장경판이 보관된 곳이니까."

다모 정연이 산을 오르며 선화에게 알려 주었어요.

해인사는 입구인 일주문까지 가는 길도 무척 멀었어요. 선화는 왜 귀한 팔만대장경판을 해인사에 보관했는지 알 수 있을 것 같았지요.

"이렇게 깊은 산속에 있다면 전쟁이 나도 안전하겠어요."

그러자 정연이 말을 이었어요.

"그래, 어디에 보관하느냐가 정말 중요해. 팔만대장경판보다 먼저 만들어진 '초조대장경'과 25년에 걸쳐 만든 '고려속장경'은 몽골 군대가 고려를 침입했을 때 모두 불타 버렸어. 정말 안타까운 일이지. 그래서 팔만대장경판만큼은 그런 일이 없도록 최대한 안전한 곳에 보관하고 있어. 그곳이 바로 해인사 장경판전이지."

"장경판전이요?"

선화가 눈을 동그랗게 뜨며 물었어요. 그러자 정연이 자세히 설명해 주었어요.

"그래, 팔만대장경판을 보관하기 위해서 해인사에 세운 건물이야. 장경판을 오래도록 변치 않게 보관하기 위해서 과학적인 원리를 이용해서 만들었어."

민 종사관 일행은 어느덧 일주문을 지나 해인사의 대적광전 뒤에 있는 장경판전에 도착했어요.

"자, 여기예요!"

동초가 숨을 헉헉 거리며 말을 이었어요.

"그런데 대체 무슨 일이에요? 오전에는 검은 삿갓을 쓴 사람이 여러 명을 데리고 와서는 이곳저곳 살피고 가더니! 그 사람은 왕의 명령을 받고 조사할 것이 있어 왔다고 했었는데……"

동초의 말에 민 종사관의 귀가 쫑긋해졌어요.

"검은 삿갓을 쓴 자가 벌써 이곳에 다녀 갔다고요?"

"네, 장경판전을 한참 둘러보다가는 금세 어디론가 가 버렸어요. 내가 얼마나 열심히 안내를 해 주었는데 간다는 인사도 없이!"

세계에서 가장 오래된 팔만대장경판

고려는 목판 인쇄술이 일찍부터 발달했어요. 이처럼 발달된 인쇄술 덕분에 팔만대장경판을 만들 수 있었지요.
해인사에 있는 팔만대장경판은 16년에 걸쳐 8만여 장의 목판에 부처님의 말씀, 부처님을 따르는 사람들이 지켜야 할 도리, 부처님의 가르침을 해석하는 내용을 새긴 것이에요.

팔만대장경판을 만든 이유
고려는 몽골 군의 계속된 침략으로 도읍지를 강화도로 옮기는 수난을 겪었어요. 그래서 대장경판을 만들어 백성들의 마음을 하나로 모으고 부처님의 힘으로 몽골 군을 물리치려고 했지요.

팔만대장경판은 잘못된 글자나 빠진 글자가 하나도 없어요. 대장경판의 아름다움과 역사적인 의미는 높이 평가되어 세계기록유산으로 지정되었어요.

동초는 무척 서운한 듯이 말했어요.

민 종사관 일행은 장경판전 안으로 들어가 보았어요. 그러나 이번에도 그들은 어떤 단서도 흘리고 가지 않았지요.

"이 경판들 좀 보세요!"

선화는 장경판전 안에 빼곡히 정리되어 있는 장경판 하나를 꺼내며 말했어요. 그러자 동초가 어깨를 으쓱하며 말했어요.

"고려 사람들은 몽골 군대에 목숨과 재산을 빼앗기는 상황에서도 나라를 지키려는 간절한 마음으로 나무에 대장경을 새겼다고 해요. 나라를 지킨다는 것은 정말 어려운 일인 것 같아요. 하지만 고려 사람들이 16년에 걸쳐 팔만대장경판을 만든 것처럼 우리도 절대로 좌절하거나 포기하지 않는 끈기를 배워야 해요. 장경판에 글자 한 자를 새길 때마다 세 번씩 절을 하며 팔만대장경판을 만들어 낸 우리 조상들의 노력을 잊지 말아야 해요. 그러한 노력들이 쌓여 지금의 우리나라가 있는 것이니까요."

"그래요, 동자 스님의 말이 맞습니다."

동초의 말에 민 종사관은 고개를 끄덕였어요. 그러고는 동초에게 다시 물었어요.

"그런데 검은 삿갓을 쓴 사람에게 무슨 특별한 점은 없었습니까?"

"음……, 한양으로 가야겠다고 했어요. 나는 지금껏 한양에 가본 적이 없어서 한 번 가 보는 게 소원이었거든요. 한양에는 없는 게 없다지요?"

동초는 해맑은 표정으로 민 종사관을 올려다보며 물었어요.

"그래요, 한양에는 좋은 사람과 좋은 물건도 많지만, 나쁜 사람과 좋지 않은 물건들도 많지요."

민 종사관 일행은 동초와 인사하고 서둘러 해인사를 떠나 가야산을 내려가기로 했어요. 아직 단검에 반짝이는 보석이 나타나지는 않았지만 그다음에 반짝일 보석이 한양 어딘가를 가리킬 것이라고 생각했어요. 민 종사관이 막 말에 올라타려는 순간 누군가 큰 소리로 불렀어요.

"같이 가요!"

어느새 봇짐까지 챙겨 온 동초였어요.

"아니, 왜 여기까지 따라온 거예요?"

선화가 물었어요. 그러자 동초는 머리를 긁적이며 말했어요.

"나도 같이 가려고요! 뭐든 시켜만 주세요! 최선을 다해서 도와드릴게요."

동초가 민 종사관을 초롱초롱한 눈으로 올려다보며 말했어요.

"위험한 일입니다. 동자 스님처럼 어린 분이 함께할 일이 아니에요. 주지 스님께서 아시면 불호령이 떨어질 거예요."

"주지 스님께서는 나라를 위한 일이라면 제 뜻대로 하라고 하셨어요. 저도 이 나라의 용감한 사내대장부인걸요."

민 종사관은 동초와 절대 함께 갈 수 없다고 말하고는 그냥 출발하려고 했어요. 그러자 동초가 봇짐에서 종이 한 장을 꺼내 보여 주었어요.

"주지 스님이 저는 관찰력이 무척 뛰어나다고 했어요. 그리고 그림에도 소질이 있고요."

동초가 그린 것은 검은 삿갓을 쓴 사내의 얼굴이었어요.

"아, 이자는 검은 삿갓!"

민 종사관은 동초를 말에 태우고 힘차게 말을 몰아 한양으로 향했답니다.

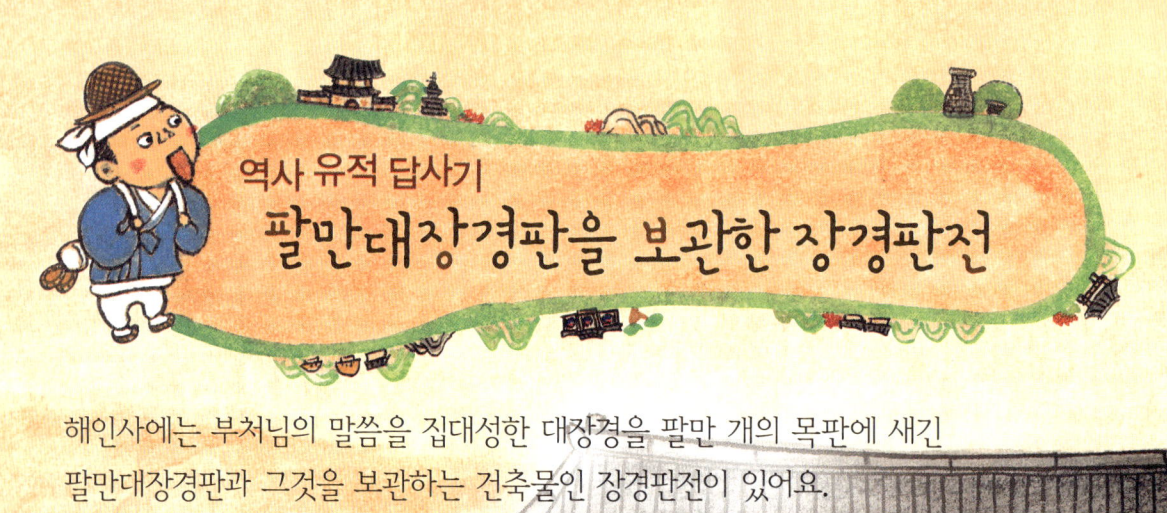

역사 유적 답사기
팔만대장경판을 보관한 장경판전

해인사에는 부처님의 말씀을 집대성한 대장경을 팔만 개의 목판에 새긴 팔만대장경판과 그것을 보관하는 건축물인 장경판전이 있어요. 유네스코에서 지정한 오래도록 보존해야 할 세계문화유산이에요.

과학적인 건축물 장경판전
장경판전은 팔만대장경판이 보관되어 있는 건물이에요. 오늘날의 첨단 과학 건축물이 부럽지 않은 놀라운 기능을 갖추고 있답니다.

예불을 드리는 법보전
불상도 모시고 있어 예불을 드릴 수도 있어요.

세균으로 인한 부식을 막는 통풍 구조
칸마다 살창을 만들어 두었는데 그 크기를 서로 다르게 하여 공기의 흐름을 원활하게 했어요.

습도를 조절하는 장치
장경판전의 바닥은 흙으로 되어 있는데 물기가 잘 빠져나가는 모래와 부패를 방지하는 숯, 소금, 횟가루 등을 넣어 목판으로 된 대장경판이 부패하지 않도록 습도를 조절했어요.

경복궁

조선의 역사와 함께한
경복궁

　　　　　민 종사관 일행은 한양에 다다르자마자 비밀리에 왕을 찾아갔어요.

"전하! 소신 문안 인사 드리옵니다. 그간 강령하셨는지요."

민 종사관은 왕 앞에서 몸을 숙여 공손히 절을 했어요. 일행 모두 민 종사관을 따라 절을 했지요.

왕은 자리에서 일어나 손수 민 종사관과 일행을 일으켜 세우며 말했어요.

"나야 이렇게 고요한 곳에 있으니 무탈할 수밖에. 모두 고생이 많았소!"

민 종사관은 왕의 얼굴을 차마 바라보지 못하고 고개를 떨군 채 말을 이었어요.

"허나 아직 옥새를 찾지 못하였사옵니다. 소신 엄히 처벌하여 주시옵소서."

"그토록 어려운 일을 민 종사관에게 맡겨 두고 군사도 내주지 못하고 있는 내가 오히려 미안하오."

왕은 민 종사관의 손을 꼭 잡아 주었어요. 민 종사관은 더욱 열심히 옥새를 찾아야겠다는 다짐을 불태웠지요.

민 종사관은 동초가 그린 그림을 왕에게 보여 주었어요.

"여기 있는 이 동자 스님이 그린 것입니다. 이자가 옥새를 가지고 있는 것으로 생각됩니다."

민 종사관의 말에 왕은 깜짝 놀랐어요.

"아니, 이자는!"

왕은 그림 속에 있는 사람을 잘 아는 듯했어요. 하지만 잠깐 동안 말을 아꼈다가 다시 마음을 가다듬고 말을 이었어요.

"이 사람에게는 절대 왕실의 보물과 옥새가 들어가면 안 되오. 부정부패를 일삼고, 왕의 자리를 빼앗기 위해서 이웃 나라에 백성까지도 팔아먹을 사람이오."

그때 민 종사관이 가지고 있던 단검에서 푸른빛이 났어요. 왕은 단검을 살피며 말했어요.

"민 종사관의 말대로 이 단검이 신비한 힘을 가지고 있는 게 분명

한 모양이오. 지금 이렇듯 푸른빛으로 반짝이는 보석이 가리키는 곳이 어디라고 생각하오?"

"이 정도의 위치면, 경복궁 부근인 듯하옵니다!

민 종사관이 대답했어요. 그러자 왕도 고개를 끄덕이며 말했어요.

"그런 것 같소! 경복궁은 조선의 건국과 함께 지어진 궁궐이지만 임진왜란 때 불에 타서 지금은 폐허나 마찬가지가 되었소. 참으로 안타까운 일이 아닐 수 없소. 하지만 그 존재만으로도 역사적으로 큰 의미를 가지고 있다는 것은 누구나 알고 있는 사실. 어쩌면 이곳에 왕실의 금은보화가 묻혀 있을지도 모르겠군."

"네, 전하! 검은 삿갓을 쓴 자가 옥새를 가지고 왕실의 보물을 찾으러 경복궁에 간 모양입니다. 소신 서둘러 가 보겠습니다."

민 종사관이 왕에게 말했어요.

"민 종사관! 부디 몸조심하시오. 그리고 서둘러 주길 당부하오. 시간이 더 지체된다면 옥새를 잃어버렸다는 사실이 들통 날 테고, 그렇게 되면 내 자리를 차지하려는 세력으로 인해 궁궐 안은 피바람이 불게 될 것이오. 내가 할 수 있는 최대한의 군사를 모아 민 종사관을 따르게 하겠소."

"전하! 성은이 망극하옵니다!"

민 종사관 일행은 몸을 숙여 왕에게 인사했어요.

깜깜한 자정이 되어서야 민 종사관 일행은 왕이 어렵게 보내온 소

조선 왕조를 대표하는 경복궁

고려 왕조를 무너뜨리고 조선을 세운 이성계는 도읍을 한양으로 옮기며 경복궁을 지었어요. '큰 복을 누린다'는 뜻의 경복궁은 조선 왕조를 대표하는 법궁이에요. 하지만 임진왜란으로 폐허가 되는 바람에 오랜 세월 동안 비어 있기도 했어요. 경복궁이 폐허가 되자 왕들은 창덕궁에 오랜 세월 동안 머물렀어요.

수 정예의 군사들과 함께 경복궁 안으로 들어갈 수 있었어요.

"아, 무서워! 어디선가 귀신이 나올 것만 같아요!"

동초가 정연의 옷자락을 꼭 잡으며 말했어요.

폐허가 된 경복궁은 화려했던 시절을 떠올리기 어려울 만큼 스산했어요. 불에 탄 기둥은 까만 숯이 되어 아슬아슬하게 서 있었고, 아름다운 기와가 얹혀 있던 담은 무너져 있었어요.

"조선을 대표하는 아름다운 궁궐이 임진왜란으로 이렇게 되다니! 정말 안타까워요! 저는 왕이 계시는 창덕궁에만 머물러서 경복궁이

자연과 어우러진 아름다운 창덕궁

창덕궁은 경복궁보다 더 많은 조선의 왕들이 머무른 궁궐이에요. 장엄하고 웅장한 경복궁에 비해 자연과 어우러진 아름다움으로 가득하지요. 창덕궁은 원래의 모습대로 잘 보존되어 있어 유네스코 세계문화유산으로 지정되었어요.

부용지가 바라다 보이는 주합루
주합루에서 부용지를 바라다보는 풍경은 창덕궁에서 가장 훌륭한 경치라고 할 수 있어요.

창덕궁에 있는 정원, 금원
창덕궁의 후원인 '금원'은 왕의 정원이므로 아무나 들어가는 것을 금한다는 뜻을 담고 있어요. 금원은 우리나라 정원을 대표하는 뛰어난 아름다움을 가지고 있어요.

부용정
열십(+)자 형태로 피어 있는 연꽃 모양을 본떠서 부용정이라 이름지었어요. 보물 1763호로 지정 되었어요.

이렇게까지 훼손되었는지 정말 몰랐어요."

선화는 주먹을 불끈 쥐었어요. 그러자 정연이 선화의 어깨에 손을 올리며 말했어요.

"저곳은 왕이 나랏일을 하던 근정전이야! 비록 지금은 엉망이지만 예전의 장엄하면서도 아름다운 모습을 되찾을 날이 올 거야. 마음의 눈으로 그 모습을 상상해 보자."

"아름다운 담벼락에는 꽃과 나비, 봉황, 용 같은 아름다운 무늬가 새겨져 있고, 왕이 나랏일을 보시는 근정전에는 나인들과 신하들이 바삐 오가며 일을 하겠지요?"

이번에는 동초가 말을 이었어요.

"그리고 중전마마가 계신 곳은 아름다운 정원이 있고, 새들이 날아와 재잘거릴 거예요."

선화와 동초는 눈을 감고 경복궁의 예전 모습을 상상해 보았어요.

민 종사관은 왕이 내준 군사들과 함께 경복궁을 쥐 잡듯이 뒤졌어요. 하지만 예상과는 달리 검은 삿갓은 나타나지 않았어요. 어떤 움직임도 보이지 않고, 어떤 흔적도 없었지요.

"여기가 아닌가 봐! 그렇다면 도대체 한양 어디에다가 옥새를 숨겨 둔 걸까?"

민 종사관은 왕의 군사들에게 명령했어요.

"자네들은 경복궁을 다시 한 번 샅샅이 살펴보도록 하게!"

경복궁 복원 사업

조선시대 말에 이르러서 흥선대원군이 왕권을 강화하기 위해 폐허로 있던 경복궁을 대대적으로 공사하여 다시 궁궐의 모습을 되찾았어요.
하지만 1910년 일제에 국권을 빼앗긴 후로 찬란했던 경복궁 안의 수많은 건물이 훼손되고 근정전과 경회루를 비롯한 10여 동의 건물만 남게 되었어요.
오늘날 경복궁 복원 사업이 대대적으로 다시 시작되었어요. 그 결과 옛 모습을 많이 되찾았지만 아직도 복원 사업은 계속되고 있어요.

민 종사관은 일행과 함께 궁 밖으로 나와 광화문 앞에 서서 생각에 잠겼어요. 선화는 그 옆에 서서 한숨 섞인 목소리로 말했어요.

"아휴, 옥새는 도대체 어디에 있을까요?"

"종묘 아닐까요? 경복궁이 아니라면 이 근처에 있는 종묘일 수도 있어요. 단검의 보석을 자세히 보세요. 경복궁이라기보다는 종묘 쪽으로 약간 치우쳐 있어요."

　민 종사관의 옆구리에 찬 단검을 들여다보던 동초가 말했어요. 동초의 말에 정연이 다시 단검을 살펴보았지요.

"정말 그렇구나!"

　민 종사관은 고개를 끄떡이며 말했어요.

"종묘……. 종묘만큼 역사적으로 중요한 곳도 없지!"

　민 종사관의 말에 일행은 서둘러 종묘로 향했어요.

역사 유적 답사기
조선 왕조가 시작된 경복궁

경복궁은 조선 왕조가 시작된 후 도읍지 한양에 세워진 최초의 궁궐이에요. 하지만 여러 차례 난을 겪으며 제 역할을 하지 못하다가 세종 때에 이르러 비로소 웅장하고 아름다운 면모를 뽐내며 조선 왕조의 중심 역할을 하게 되었답니다.

왕이 자는 곳, 강녕전
왕이 잠을 자며 휴식을 취하는 침전으로, 왕의 안전을 위해 외부 사람들의 출입을 엄격하게 통제했어요.

왕이 정사를 보던 근정전
나라의 중요한 의식을 행하거나 외국 사신들을 맞이하던 곳이에요.

경복궁의 정문인 광화문
광화문은 경복궁의 남쪽에 있는 문으로, 궁궐의 정문이에요. 광화문은 '왕의 덕이 나라를 비춘다'라는 뜻을 가지고 있어요. 광화문에는 세 개의 출입문이 있는데 가운데는 왕이 사용했고, 양쪽 옆에 있는 문은 신하들이 사용했어요.

왕의 사무실인 사정전
왕이 일상적인 업무를 처리하던 곳이에요.

연못에 있는 정자, 향원정
2층으로 된 정자예요. '향기가 멀리 퍼져 나간다'라는 뜻을 가진 아름다운 곳이에요. 왕이 신하를 따로 만나 친분을 돈독히 하는 장소로 사용했어요.

연회를 배풀던 경회루
우리나라에서 가장 큰 누각으로, 연회를 열거나 외국 사신을 맞이할 때 사용했어요.

중전이 자는 곳, 교태전
왕의 강녕전처럼 중전의 침전이에요. 교태전 뒤에는 아미산이라는 아름다운 정원이 있어요.

종묘

왕들의 영혼이 잠든
종묘

"종묘는 아무나 들어갈 수 있는 곳이 아니라고 하던데요!"

선화는 종묘 앞에서 멈칫했어요.

"왕의 특서가 있으니 들어갈 수 있을 거야."

민 종사관은 종묘를 지키고 있는 병사들에게 왕의 특서를 보여 주고 안으로 들어갔어요.

"와, 여기가 종묘구나!"

동초의 입이 쩍 벌어졌어요.

"여기에 선왕과 왕비들의 위패가 모셔져 있는 거죠?"

선화가 민 종사관에게 물었어요.

왕과 왕비의 위패를 모신 종묘
종묘는 역대의 왕과 왕비의 위패를 모신 사당이에요. 조선의 통치 이념인 유교에 바탕을 두고 만든 곳이에요. 경복궁의 오른쪽에 종묘가 있어요.

점점 길어진 종묘
종묘는 처음에는 7칸의 작은 건물로 시작했지만 세월이 흘러 모셔야 할 신주가 많아짐에 따라 계속해서 건물을 늘려 나갔어요.

"그래, 그러니 시끄럽게 떠들거나 가벼운 행동을 해서는 안 돼. 아주 신성한 곳이니까."

민 종사관과 일행은 종묘의 곳곳을 살펴보며 검은 삿갓을 찾아보았어요.

"저기 저 긴 건물이 뭐예요?"

선화가 소곤소곤 작은 소리로 물었어요. 선화의 물음에 정연 또한 작은 소리로 대답했어요.

"저곳은 정전이야. 종묘에서 가장 중요한 곳이지. 조선을 세운 태조 이성계 대왕의 신위가 맨 왼쪽 첫 번째 칸에 모셔져 있어."

"아, 그렇구나! 이렇게 옆으로 길게 자리 잡고 있는 정전을 보고 있자니, 우리 조선의 오랜 역사를 한눈에 보는 듯해요. 그런데 조선의 왕들은 왜 종묘를 중요하게 생각했어요?"

선화가 묻는 질문에 동초가 어깨를 으쓱이며 대답했어요.

종묘사직이란?

왕들의 위패를 모신 곳을 '종묘', 토지의 신과 곡식의 신을 '사직'이라고 해요. 왕에게 있어 선왕의 제사를 모시고 땅의 신과 곡식의 신에게 풍년이 들도록 제사를 지내는 일은 가장 중요한 임무였어요. 왕은 매년 네 차례에 걸쳐 사직단에서 정성스레 제사를 지냈어요. 그리고 풍년을 비는 '기곡제'와 가뭄에 비를 바라는 '기우제'를 지내기도 했어요.

두 개로 만들어진 사직단
태조 이성계가 세운 사직단은 동쪽과 서쪽으로 두 개의 단이 놓여 있어요. 땅의 신과 곡식의 신을 모시기 위한 곳이지요.

"그거야 우리나라는 예로부터 종묘사직을 중요하게 생각했으니까!"

"흥! 아무리 동자 스님이라지만 자그마한 게 잘난 척하기는!"

선화는 종묘사직에 대해서 잘 몰랐지만 어쩐지 자기보다 어린 동초에게 물어보기가 창피해서 슬쩍 말끝을 흐렸어요.

민 종사관 일행은 조심스러운 발걸음으로 공민왕신당이 있는 곳으로 갔어요.

"어? 여기에는 공민왕의 신위를 모셔 두었네요?"

선화가 의아하게 생각하며 물었어요.

"그렇구나."

정연이 대답했어요.

"그런데 이상해요. 여기는 조선의 왕과 왕비들의 위패를 모시는 곳이 아닌가요? 왜 고려의 왕이었던 공민왕의 위패가 있는 거예요?"

"그건 조선이 고려 왕조를 무너뜨리고 세운 나라이기 때문일 거야. 고려에 대한 최소한의 예의를 지키고자 한 것이지. 고려는 우리 조선의 역사이기도 하니까. 저기 공민왕과 노국 공주의 영정이 보이지?"

정연이 말했어요.

민 종사관 일행은 공민왕신당을 둘러본 후 정전으로 갔어요. 그때 검은 삿갓을 쓴 자와 옥새를 훔쳐 달아난 무사들이 세종 대왕의 신위를 모신 곳에 있는 것을 발견했어요. 선화와 동초는 동시에 소리쳤어요.

"저기예요!"

민 종사관은 이번에는 절대로 놓치지 않겠다고 다짐하며 왕이 보내 준 군사들과 함께 쏜살같이 달려갔어요. 하지만 나머지는 모두 놓치고 옥새를 훔친 무사 중 하나만 겨우 잡았어요.

"옥새는 어디 있느냐?"

"내가 그것을 순순히 말할 거라고 생각하느냐?"

무사는 오히려 당당했어요. 무사의 몸을 수색해 보았지만 옥새는 나오지 않았어요. 아마도 검은 삿갓을 쓴 자가 갖고 있는 것이 분명했어요.

민 종사관은 무사를 다그치며 이것저것을 알아내려 했어요. 그러자 정연이 말리며 말했어요.

"며칠 후에 종묘 제례가 있을 거예요. 그러니 오늘은 제례를 준비하기 위해 사람들이 몰려올지도 몰라요. 어서 이자를 데리고 자리를 피하는 것이 좋겠어요. 다른 관리의 눈에 띄었다가 좋을 게 하나도 없잖아요!"

정연의 말에 민 종사관도 고개를 끄덕였어요. 일행은 무사를 외진 곳에 있는 폐가로 끌고 갔어요.

정연은 무사의 몸에서 나온 서책 하나를 관심 있게 살펴보았어요.

"종사관님! 이자의 몸에서 이 서책이 나왔어요!"

왕실에서 주관하는 종묘 제례
종묘의 정전에서 매년 봄, 여름, 가을, 겨울의 첫 달과 한 해의 마지막 달에 왕실이 주관하여 큰 제사를 치렀어요. 지금도 매년 5월 첫째 일요일에는 종묘에서 종묘 제례를 행해요.

종묘 제례악
종묘에서 제사를 지낼 때 쓰는 음악이에요. 세종 때에 창작한 '정대업'과 '보태평'이라는 춤과 음악을 다듬어서 종묘 제례악을 만들었어요. 유네스코 세계무형유산으로 지정되었어요.

    민 종사관은 서책을 받아 들었어요. 그것은 훈민정음 해례본이었어요. 책을 들춰 보니 그 속에 암호가 적힌 종이가 끼어 있었어요. 민 종사관은 아무리 살펴보아도 그 암호가 뜻하는 바가 무엇인지 알 수 없었어요. 그러자 동초가 그 종이를 살펴보며 말했어요.
    "제가 연구해 볼게요. 대신 시간을 좀 주세요!"
    그때 민 종사관의 허리에 찬 단검에서 푸른빛이 났어요. 일행은 옥새를 훔친 무사를 왕의 군사들에게 맡기고 다시 단검이 알려 주는 곳을 향해 출발했어요.

왕들의 영혼이 잠든 종묘 **67**

역사 유적 답사기
왕과 왕비의 위패를 모신 종묘

종묘는 조선의 왕과 왕비의 신위가 모셔진 왕실의 사당이에요. 유교를 정치 이념으로 삼았던 조선시대에는 왕들이 조상에게 제사를 올리는 곳인 종묘와 신들에게 제사를 지내는 곳인 사직단을 무척 중요하게 생각했어요.

왕과 왕비의 신위를 모신 정전
우리나라 목조 건축물 중에 가장 긴 건물이에요. 특별한 모양과 역사적인 의미로 인해 세계문화유산으로 등록되었어요. 처음에는 7칸이었던 정전을 양 옆으로 계속 증축하여 현재에는 신위를 모신 감실이 19칸에 이르러요.

서쪽에 새로 만든 영녕전
세월이 흐름에 따라 모셔야 할 왕과 왕비의 신위가 많아지자 종묘 서쪽에 영녕전을 새로 만들었어요.

종묘 제례를 위한 악공청
종묘 제례 때 악기를 연주하는 악공들이 제례를 준비하며 기다렸던 곳이에요.

제수를 만들던 전사청
제수를 만들던 곳이에요. 제사에 쓰는 음식물을 제수라고 하지요. 지금도 마당에 절구를 사용했던 흔적이 남아 있어요.

왕이 머물던 망묘루
제례를 준비하며 왕이 머물던 곳이에요. 사당을 바라보며 선왕과 종묘사직을 생각한다라는 뜻을 가지고 있는 곳이지요.

공민왕신당
고려 31대 공민왕과 노국대장공주의 영정을 모신 사당이에요. 조선이 고려를 잇는 정통 국가임을 의미하기도 하고, 종묘를 창건할 때 공민왕의 영정이 바람에 실려 날아와 봉안했다는 이야기도 전해져요.

> 세종 대왕릉

백성을 위한 임금, 세종 대왕

단검이 가리키는 곳은 세종 대왕릉이 있는 곳이었어요. 민 종사관 일행은 그들이 훈민정음 해례본에 왜 암호를 숨겼는지, 암호가 뜻하는 바가 무엇인지 생각해 보았어요. 하지만 누구도 확실한 답을 찾아내지는 못했어요.

동초는 세종 대왕릉으로 가는 길에 무사에게서 빼앗은 훈민정음 해례본을 살펴보았어요. 혹시 단서가 될 만한 것이 있을까 하고서 말이에요. 동초는 책을 살펴보며 말했어요.

"이 서책은 훈민정음에 대해서 설명하고 있는 해례본이지요? 저도 처음 훈민정음을 배울 때 이 해례본을 어렵게 빌려 읽었던 기억이 나요. 세종 대왕이 없었다면 아마 저는 지금도 까막눈이었을 거예요.

세종 대왕이 창제한 훈민정음

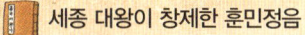

훈민정음은 '백성을 가르치는 올바른 소리'라는 뜻이에요. 세종 대왕이 창제한 한글의 옛 이름이에요. 훈민정음 해례본은 훈민정음 창제의 취지를 담아 세종 대왕이 직접 쓴 '예의'와 훈민정음의 원리와 사용 방법을 담은 '해례', 그리고 정인지가 쓴 '서문'으로 되어 있어요. 지금까지 전해지는 훈민정음 해례본은 우리나라 국보 제70호로 서울 간송미술관에서 볼 수 있어요.

청나라 글자인 한자는 너무 어려워서 도무지 배우기가 힘들어요. 세종 대왕은 여자들이나 신분이 낮은 사람들 모두 같은 나라 백성이며 모두가 편하게 잘 사는 세상을 만들려고 하셨던 것 같아요. 이처럼 쉽게 배우고 사용할 수 있는 훈민정음을 만들어 주셨으니까요."

동초의 말에 선화도 뭘 좀 안다는 듯 제법 누나처럼 말했어요.

"그래서 많은 사람들이 글자를 익히고 책을 읽거나 공부를 하기가 쉬워졌지. 우리만의 글을 갖는다는 것은 정말 행운이야. 다른 나라들도 제 나라말은 있지만 자기 나라만의 고유한 글이 있는 경우는 아주 드물대. 게다가 한글은 과학적인 원리를 사용하고 있어서 배우기도 쉽고, 발음 나는 대로 쓰기도 좋잖아."

동초와 선화는 세종 대왕이 창제한 훈민정음이 무척이나 고맙고 소중했어요. 세종 대왕이 만든 우리글을 처음에는 '훈민정음'이라고 불렀어요. 오랜 세월이 흐른 뒤에야 '한글'이라고 부르기 시작했지요.

한참 동안 말을 달리던 민 종사관 일행은 주막에서 잠시 쉬어 끼니를 때우기로 했어요. 선화는 음식이 나오기를 기다리며 주막 마당에 놓여 있는 항아리를 보았어요.

"저 항아리를 보니 궁궐에 있는 자격루가 생각나네요. 자격루에서 울리는 소리를 들으며 시각을 알 수 있었지요. 자격루도 세종 대왕이 만드신 것이지요?"

오랜만에 자리에 앉아 짧은 여유를 얻게 된 민 종사관이 선화의 말을 받아 주었어요.

"그래, 세종 대왕이 장영실과 같은 훌륭한 인재를 뽑아서 만들게 하셨지. 과학 기술에도 관심이 무척 많으셨거든."

"장영실도 저처럼 신분이 낮았다고 들었어요. 그런데 어쩌면 그렇게 대단한 일을 할 수 있었을까요?"

"물론 권력을 가진 지체 높으신 양반들의 반대가 무척 심했지. 하지만 세종 대왕은 신분이 낮더라도 훌륭한 재능을 가진 사람이라면 능력을 발휘할 수 있는 기회를 주셨어. 신분이 높고 낮음을 상관하지 않고 모든 백성을 평등하게 아끼셨던 것 같구나."

"저도 세종 대왕이 계셨을 때 태어났으면 좋았을걸 그랬어요. 저처럼 어리고 낮은 신분의 여자아이도 장영실처럼 훌륭한 사람이 되겠다는 꿈을 꿀 수 있잖아요."

그러자 정연이 나섰어요.

"선화야! 넌 이미 훌륭한 일을 하고 있어. 누구보다 용감하고 지혜로워서 왕의 명령을 받아 나라의 운명이 걸린 일을 해결하러 다니고 있잖아."

"그래, 넌 정말 특별한 아이란다! 네가 아니었다면 우리가 어떻게 옥새를 훔쳐간 자들의 뒤를 쫓을 수 있었겠니?"

민 종사관도 맞장구를 쳤어요. 그러고는 곧 국밥이 나오자 모두 군침을 흘리며 열심히, 아주 맛있게 국밥을 먹었답니다.

세종 대왕릉에는 검은 삿갓 일당이 보이지 않았어요. 대신 곳곳에 왕실의 보물을 찾으려 했던 흔적이 남아 있었어요. 민 종사관은 속에 있던 촉촉한 흙이 밖으로 나와 있는 것을 만져 보며 말했어요.

위대한 왕이 잠든 세종 대왕릉

세종 대왕릉을 '영릉'이라고도 해요. 소헌 왕후 심씨와 합장한 무덤이에요. 위대한 업적을 남긴 것에 비해 화려하지는 않지만 지금도 세종 대왕의 위엄이 느껴져요.

세종 대왕릉은 병풍석 없이 난간석만 만들어져 있어요. 보통 난간석에는 십이지 신상을 조각하는데 세종 대왕의 능에는 십이지 신상 대신 문자를 사용하여 방향을 표시했어요.

"여길 봐! 흙을 파헤쳤다가 다시 덮었어. 하지만 이곳에서도 왕실의 보물을 찾지는 못한 모양이야."

한숨을 쉬고 있는 민 종사관에게 동초가 말했어요.

"힘내세요! 아직 끝나지 않았어요. 우리가 따르는 왕이 그 자리에 계신 이상 아무것도 끝나지 않았어요. 우리도 세종 대왕처럼 다른 인재를 등용해요! 혼자서 끙끙거리는 것보다 여러 사람의 머리를 모으면 더 좋은 생각이 날 거예요."

"지금 이렇게 긴박한 상황에서 어떻게 인재를 모으고, 상의를 할 수 있겠니?"

"아니에요. 준비된 인재들이 수두룩하게 모여 있는 곳을 알고 있어요! 지금 민 종사관님 허리에 차고 있는 단검이 가리키는 곳이기도 하고요! 검은 삿갓이 벌써 도착했겠지만 진정한 인재라면 그들을 따르지 않고 정의를 따를 거예요. 어서 가요!"

동초가 그렇게 말하고는 암호가 적힌 종이를 옷 속에 단단히 넣으며 먼저 말에 올라탔어요. 이어서 선화도 말에 올라타며 말했어요.

"어서 출발해요! 시간이 없잖아요!"

지쳐 있던 민 종사관과 다모 정연도 씩씩한 동초와 선화를 보며 다시 힘을 냈어요. 동초와 선화의 모습은 나라를 구하기 위해 먼 길을 떠나는 장군만큼이나 듬직해 보였어요. 민 종사관은 속으로 생각했어요.

'비록 지금은 부정부패한 관리들로 가득한 세상이지만 동초와 선화와 같은 훌륭한 아이들이 있으니 우리의 미래는 지금보다 훨씬 더 나을 거야!'

민 종사관 일행은 단검이 가리키는 곳으로 향했어요. 바로 도산 서원이었지요.

역사 유적 답사기
한글 창제의 꿈을 이룬 세종 대왕릉

세종 대왕의 묘는 경기도 여주에 있어요. 세종 대왕과 소헌 왕후가 함께 합장되어 '영릉'이라고도 해요. 능의 구조와 석상 등의 위치는 《국조오례의》라는 예식법 책에 따라 만들어졌답니다.

세종 대왕의 유물이 보관된 세종전

세종 대왕릉으로 가는 입구를 지나면 세종전이라 하여 세종 대왕의 유물이 보관된 건물이 있어요. 세종 대왕의 어진을 비롯한 여러 가지 그림과 유물을 볼 수 있어요.

여주에 있는 세종 대왕릉

경기도 여주군 능서면 왕대리에 세종 대왕의 능인 영릉이 있어요.
원래는 세종 대왕이 살아 있을 때 미리 마련해 둔 서울 서초구 내곡동에 조성되었지만, 세조에 이르러 세종 대왕릉의 터가 좋지 않다하여 지금의 자리로 이전한 것이에요.

세종 대왕의 영혼을 위한 혼유석

왕릉의 봉분 앞에 놓는 직사각형의 돌을 혼유석이라고 해요. 넋이 나와 놀도록 만들어 놓은 돌이에요. 세종 대왕릉에는 2좌의 혼유석이 있어 합장한 능이라는 것을 알 수 있어요.

세종대왕기념관

옛터에서 발굴된 상석, 망주석, 신도비 등은 서울 동대문구 청량리에 있는 세종대왕기념관에서 보관하고 있답니다.

도산 서원

훌륭한 학자들을 키워 낸
도산 서원

"누나! 누나는 따로 학문을 배운 적이 있어요?"

동초는 처음으로 선화에게 누나라고 부르면서 물었어요. 어느 새 친해진 둘은 서로 오누이처럼 편하게 말을 주고받았어요.

"아니, 그냥 어깨 너머로 훈민정음을 배운 다음 서책 몇 권을 읽은 게 다야."

"그렇구나! 나도 그래요. 그런데 언젠가는 서원 같은 데서 공부해 보고 싶어요."

"맞아, 나도! 나도 좋은 스승님을 만나고 싶어!"

둘의 이야기를 들으며 민 종사관과 정연은 많은 생각을 했어요. 신분에 상관없이 누구나 마음껏 공부할 수 있는 세상이 온다면 얼마나

조선시대 사설 학교, 서원

조선시대에 선비들이 모여서 함께 학문을 연구하고 강론하며, 훌륭한 학자나 나라에 충성하다 죽은 학자들을 위해 제사를 지내던 곳이에요. 우리나라 최초의 사설 학교이며, 최초로 지은 서원은 경상북도 영주시에 있는 '소수 서원'이에요.

좋을까 하는 생각이었지요.

동초는 말을 타고 가며 또다시 생각에 잠겼어요. 그랬다가 다시 말문을 열었어요.

"나는 가끔 부모님이 사실은 퇴계 이황처럼 아주 훌륭한 분들이었을 거라고 상상해요. 그런데 어떤 일에 휘말려서 아무도 모르는 절에 나를 버린 거죠. 어쩌면 지금도 부모님이 나를 찾고 있을지도 몰라요. 이황처럼 훌륭한 분의 아들이라면 도산 서원 같은 곳에서 열심히

퇴계 이황(1501~1570)
조선을 대표하는 유학자로, 도산 서원을 열어 제자를 가르쳐 크나큰 존경을 받았어요. 스무 번도 넘게 관직을 마다하다가 선조의 간곡한 부탁으로 예조 판서, 대제학 등의 관직을 지냈어요.
퇴계 이황은 청렴한 생활을 하며 재물을 멀리했어요. 자신이 죽으면 무덤 앞에 소박한 묘비 하나만 세우라고 유언을 남길 정도였지요.

공부할 수 있었을 텐데요."

선화는 부모님이 누구인지도 알지 못하던 어린 시절에 사찰에 버려진 동초를 생각하니 마음이 아팠지만 일부러 밝게 말했어요.

"그래, 네 부모님이 어쩌면 진짜 퇴계 이황이었는지도 몰라. 근데 어쩌냐? 벌써 돌아가셨는걸. 대신 내가 누나해 줄게."

"누나? 진짜 누나요?"

"그래!"

선화가 고개를 끄덕이며 대답하자 동초가 활짝 웃으며 좋아했어요.

민 종사관 일행은 서로에 대해서 점점 더 많은 걸 알아가며 도산 서원이 있는 안동에 가까워지고 있었어요.

멀리 도산 서원이 보이자 선화가 민 종사관에게 물었어요.

"퇴계 이황은 여러 왕들의 청에도 불구하고 여러 번 관직을 마다했다지요? 대부분의 사람들이 더 높은 관직을 차지하기 위해 싸우는 마당에 퇴계 이황은 정말 특별한 사람인 것 같아요."

민 종사관이 고개를 끄덕이며 대답했어요.

"그래, 퇴계 이황은 왕들의 간곡한 청으로 어쩔 수 없이 관직에 올랐지만, 하인도 없고 집 안에 먹을 것조차도 넉넉히 두지 않았다는구나. 오직 학문을 갈고 닦는 것에만 관심이 있으셨던 게지. 그러니 그 어려운 성리학을 집대성할 수 있었을 거야."

민 종사관의 말이 끝나자 정연이 덧붙여 말했어요.

"퇴계 이황은 왕에게도 스승이었지만, 이 나라 조선 대부분의 선비들에게 존경받는 스승이셨어. 여러 권의 책을 직접 쓰시기도 했고, 그분의 학문이 제자들에 의해서 방대한 양의 책으로 정리되기도 했단다."

"드디어 도산 서원에 도착했어요! 와, 정말 공부하기에 좋은 곳이네요. 조용하고 한적하고……."

선화는 말에서 내려 맑은 공기를 가슴 깊이 들이마셨어요.

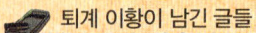

퇴계 이황이 남긴 글들

퇴계 이황은 '도산십이곡'을 비롯한 훌륭한 시들을 남겼어요. 그리고 조식, 기대승과 나눈 편지를 모아 《퇴계서절요》라는 서책으로 편찬하기도 했지요. 또 《자성록》, 《주자서절요》, 《퇴계필적》, 《이학통록》, 《계몽전의》 등 많은 책을 남겼어요. 대동문화연구원에서는 1958년 퇴계 이황의 저술들을 모아 《퇴계전서》를 만들었어요.

"무슨 일로 이곳에 오셨어요?"

서책을 옆구리에 끼고 농운정사에서 나오던 선비가 민 종사관에게 물었어요.

"저희는 왕의 명령을 받고 비밀리에 중요한 일을 수행하는 중입니다. 혹시 검은 삿갓을 쓴 자가 이곳에 다녀갔습니까?"

"아, 그자요? 안 그래도 좋지 않은 기운이 느껴져서 마음에 걸렸어요. 그자는 이미 이곳을 떠났습니다. 하지만 그들이 원하는 것을 얻지는 못한 모양이에요. 참, 여기 서서 이럴 것이 아니라 안으로 드시지요. 지금 전교당이 비어 있으니 그곳으로 가서 이야기를 나누는 것이 좋겠군요. 학식이 뛰어나면서도 입이 무거워 비밀을 잘 지킬 수 있는 친구들을 몇 명 모으겠습니다."

선비는 재빠르면서도 품위를 잃지 않는 발걸음으로 민 종사관 일행을 전교당으로 안내했어요. 그리고 친구들을 데리러 갔지요.

선비를 기다리는 동안 민 종사관 일행은 시야가 탁 트인 전교당에 앉아 주위 건물과 선비들의 모습을 둘러보았어요. 선비들은 삼삼오오 모여 토론을 하기도 하고, 머리를 식힐 겸 가벼운 체조를 하기도 했어요. 그 모습을 지켜보며 민 종사관이 말을 꺼냈어요.

"이곳에 들어오면서 우리가 지나쳐 온 서당에서 퇴계 이황이 직접 제자들을 가르쳤다고 해. 처음에는 소박하고 작은 서당에서 시작한 거지. 그런데 이황이 죽고 나서 마을 사람들이 서당 뒤로 서원을 지어 이렇게 배우고자 하는 열정으로 가득한 선비들이 모여들어 도산 서원이 된 거야. 하지만 작은 서당이었을 때가 더 빛났을 것 같아. 그때는 우리나라 유학의 별인 퇴계 이황이 이곳에 있었으니까 말이야."

"책이란 것이 있어서 참 다행이에요. 그래도 이황이 남긴 서책을 통해서 그분의 생각과 지식을 엿볼 수 있으니까요."

선화가 말했어요. 그러자 정연이 웃으며 치켜세워 주었어요.

"와, 선화가 제법인걸?"

정연의 말에 선화는 부끄러운 듯 얼굴을 붉혔어요.

잠시 후 다섯 명의 선비들이 전교당으로 왔어요. 민 종사관은 대략 상황을 설명했지만 비밀 유지를 위해 사건의 전부를 이야기하지는 못했어요.

"우리는 지금 왕의 명령을 따르고 있소. 검은 삿갓을 쓴 자가 다른 곳으로 간 듯하니 지금 우리가 할 수 있는 일은……"

민 종사관이 생각에 잠기자 동초가 옷 속에 꼭꼭 넣어 두었던 종이를 꺼냈어요.

"이것은 검은 삿갓을 쓴 자의 부하가 가지고 있던 것이에요. 이 종이에 암호로 무언가 적혀 있는데 이것을 풀면 우리에게 큰 도움이 될 듯해요."

선비들은 암호를 살펴보며 먹과 붓을 꺼내 종이에 이것저것 생각나는 대로 적어 보았어요. 몇 시간을 낑낑거리며 씨름했지만 누구도 쉽게 답을 찾지는 못했어요.

"하암!"

선화는 기다리다 지쳐 하품을 하더니 전교당 기둥에 기대어 잠이 들어 버렸어요.

"찾았어요!"

선화는 한 선비의 외침에 깜짝 놀라 잠에서 깨어났어요. 어느새 해가 저물고 있었지요.

모두 그 선비 주위에 몰려들었어요. 동초가 가장 빨랐지요.

"뭐라 적혀 있나요?"

모두 귀를 기울이며 선비의 대답을 기다렸어요.

"아, 그런데 이것 하나는 모르겠어요. 이것 하나만 알면 무슨 뜻인지 정확히 알겠는데!"

선비의 대답에 모두 힘이 빠졌어요.

"뭔데요?"

그동안 암호를 연구했던 동초가 물었어요. 선비가 손가락으로 가리키는 부분을 동초도 열심히 살펴보았어요.

"저는 이 부분에서 뜻하는 것이 '이'라고 생각했어요. 성씨 중 하나인 '이'요."

"아하! 그렇구나!"

동초의 말에 선비는 좋아서 펄쩍펄쩍 뛰었어요.

"아휴, 얼른 뜻이 뭔지 말 좀 해 보세요."

동초는 너무 궁금해서 발을 동동 굴렀답니다.

역사 유적 답사기
학문의 중심 도산 서원

퇴계 이황은 누구보다 학식이 높았으며 청렴결백한 성품으로 인해 많은 사람들의 존경을 받았어요. 도산 서원은 퇴계 이황이 직접 제자들을 가르치던 서당을 기반으로 해서 그의 뒤를 따르는 제자들이 세운 학문의 장이랍니다.

퇴계 이황의 가르침을 받던 도산 서원

도산 서당과 그 주변으로 지은 사당과 기숙사, 서재, 강당 등을 통틀어 도산 서원이라고 해요.

제자들이 머무는 농운정사

제자들이 머물며 공부하던 곳으로, 여덟 칸으로 되어 있어요. 제자들이 머물던 숙소로는 농운정사 외에도 동재와 서재 등이 있었어요.

현충사

나라를 지켜 낸 충무공 이순신

암호의 내용을 궁금해 하는 사람들의 마음도 모르고 암호를 풀어낸 선비는 연신 싱글벙글이었어요. 그러다가 사람들의 진지한 표정을 보더니 마음을 가다듬고 암호가 뜻하는 바를 말해 주었지요.

"이 암호는 '우리나라의 역사적인 장소에서 두 '이씨'가 만나면 새로운 왕이 나올 것이다.'라고 되어 있어요. 어? 생각해 보니 이건 왕의 자리를 두고 뭔가 음모를 꾸미는 것 같은데요? 그럼 여기서 말하는 '이씨'가 왕? 아니면 음모를 꾸미고 있는 자가 자기 자신을 말하는 걸까요?"

선비의 말이 끝날 즈음 민 종사관이 가지고 있던 신비한 단검에서

세계 최초의 철갑선인 거북선

거북선은 임진왜란 때 이순신 장군이 만든 세계 최초의 철갑선이에요. 거북선은 왜군을 무찌르는데 큰 역할을 했어요.

거북선의 양옆과 앞머리 부분에는 화포를 달아 적군을 공격했어요.

거북선의 등에는 창과 검처럼 날카로운 것이 꽂혀 있어 적군이 배에 올라타는 것을 막았어요.

푸른빛이 났어요. 그것을 보고 선비들이 말했어요.

"이곳은 충무공 이순신을 기리는 현충사예요! 이순신은 임진왜란 때 거북선을 만들어 왜적을 크게 물리친 우리들의 영웅이지요. 아, 그럼 '이씨'가 이순신을 말하는 걸까요?"

선비의 말을 듣자마자 민 종사관은 함께 고민해 준 서원의 선비들에게 감사의 인사를 남기고 급히 그곳을 떠났어요.

"서둘러야 해! 그들이 곧 큰일을 벌일 거야. 그들이 무슨 짓을 하기 전에 반드시 우리가 먼저 옥새를 찾아야 해! 이번에는 기필코 그자를 생포하고 옥새를 되찾겠어!"

민 종사관의 열정적인 눈빛은 산이라도 옮길 기세였어요. 민 종사관의 뒤를 따르는 일행의 눈빛도 달라져 있었어요.

민 종사관은 말을 달리며 말했어요.

"그자들이 왕실의 보물을 찾겠다며 내가 존경하는 이순신 장군의 유적지를 파헤치도록 내버려 두지 않겠어!"

그러자 선화가 큰 목소리로 물었어요.

"이순신 장군이 그렇게 훌륭했나요?"

이순신 장군의 3대 대첩

이순신 장군은 한산도 대첩, 명량 대첩, 노량 대첩에서 왜군을 물리치고 크게 승리했어요. 특히 70척의 함선을 물리친 한산도 대첩은 역사에 길이 남을 큰 승리예요. 이순신 장군은 물살이 거친 지형을 이용하거나 학이 날개를 펼친 모양으로 진을 쳐서 공격하는 등 다양한 전술을 사용하여 조선의 수군을 승리로 이끌 수 있었어요.

"그럼! 이순신 장군은 몇 척 안 되는 배로 몇 배나 많은 왜적의 배를 통쾌하게 격파했어. 그것은 평소에 대비해야 한다는 준비 정신과 뛰어난 전략 덕분이었지. 이순신 장군이 이끌었던 수많은 싸움 중에 특히 한산도 대첩과 명량 대첩, 노량 대첩이 유명해."

이순신 장군의 활약상을 들으며 민 종사관 일행은 현충사에 도착했어요.

"아니, 검은 삿갓이 안 보이네!"

민 종사관은 서둘러 현충사를 둘러보았어요. 현충사는 숙종 때 이순신 장군의 묘에서 가까운 곳에 세워진 사당이에요. 현충사 부근에 작은 우물이 가장 먼저 눈에 띄었어요. 그러자 호기심 많은 동초가 말했어요.

"아! 이것이 충무공 이순신 장군이 마시던 우물인 충무정이구나! 나도 말로만 듣던 곳인데 이제야 직접 보네!"

동초의 말에 민 종사관은 잠시 맑은 우물물을 내려다보며 충무공 이순신 장군을 생각했어요. 그리고 동초에게 말했지요.

"충무정이 이곳에 있는 것을 보니 이 집이 충무공 이순신 장군이 살아 계실 때 살던 집인 모양이야."

"아, 그렇구나!"

선화와 정연은 민 종사관의 손끝이 향하는 곳을 열심히 살펴보았어요. 그리고 민 종사관을 따라 충무공 이순신 장군의 신위가 모셔져 있는 본전으로 갔어요. 일행은 충무공 이순신 장군에게 예를 갖춘 다음 검은 삿갓의 흔적을 찾아보았어요. 하지만 검은 삿갓이 남기고 간 흔적은 보이지 않았어요.

민 종사관은 다시 깊은 고민에 빠졌어요. 본전에서 나온 일행은 이순신 장군이 활을 쏘던 활터에 다다랐어요. 그곳은 이순신 장군의 셋째 아들인 이면의 묘에서 가까웠어요. 선화는 이면의 묘를 보며 말했어요.

"이면이 이순신 장군보다 일찍 세상을 떠났나 봐요. 그러니까 이순신 장군이 어린 시절에 자랐던 곳에 아들의 묘를 만든 걸 테니까요. 만약 이순신 장군이 돌아가신 후에 이면이 죽었다면 아마 이면의 묘는 이면이 많은 시간을 보낸 곳에 묻혔겠지요."

그 말에 정연이 대답했어요.

"정말 놀라운 추리력인데? 사실 이면은 이순신 장군이 가장 아끼던 아들이었어. 그런데 안타깝게도 스물한 살의 나이에 왜적과 싸우다가 세상을 떠났어. 그 일은 이순신 장군이 세상을 떠나기 일 년 전에 있었지. 이순신 장군은 아들의 시신을 자신이 유년 시절에 보냈던 옛집 근처에 묻은 거야."

민 종사관은 이면의 묘를 보고 있다가 이순신 장군의 묘가 떠올랐어요.

"혹시 검은 삿갓이 이 근처에 있는 이순신 장군의 묘에 있는 건 아닐까?"

민 종사관 일행은 서둘러 장군의 묘를 찾아가 보았어요.

안타깝게도 이순신 장군의 묘에도 검은 삿갓은 없었어요. 대신 이

 이순신 장군의 묘

충청남도 아산시 음봉면 삼거리에는 충무공 이순신의 묘가 있어요. 이순신 장군은 1598년 노량 대첩에서 도망가는 왜적을 잡으려다 전사했어요.

순신 장군의 묘 앞에 과일과 술이 놓여 있었지요. 누군가 다녀가긴 한 모양이었어요.

동초가 민 종사관에게 물었어요.

"검은 삿갓이 다녀간 걸까요? 나쁜 사람인데 그래도 이순신 장군은 존경하나 봐요."

"알 수 없는 일이지. 이제 우리에게는 하나의 길만 있어. 이 단검에는 아직 푸른빛이 나타나지 않았지만 그들은 분명 이곳으로 가고 있을 거야."

민 종사관은 단검에 박혀 있는 아홉 개의 보석 중 마지막으로 남은 곳을 가리키며 말했어요. 하지만 선화는 뭔가가 이상했어요.

"암호에는 분명 '두 이씨가 만난다'라고 되어 있는데, 이순신 장군과 검은 삿갓이 만나는 건 아니었나 봐요."

그때 왕이 보낸 매가 민 종사관을 향해 날아왔어요. 다리에 묶여 있는 편지를 풀어 보니 이렇게 적혀 있었어요.

'나는 사신들의 일정을 늦추기 위해 그들과 함께 수원 화성에 행차하려 하네. 자네들이 급히 나를 만날 일이 있다면 궁궐로 가지 말고 화성으로 오게! 부디 옥새와 함께 오길 기다리겠네.'

단검이 가리키는 마지막 장소도 바로 수원 화성이었어요. 어쩌면 암호가 뜻하는 이씨는 정말로 이씨 성을 가진 왕을 가리키는 걸 수도 있었어요. 그리고 검은 삿갓을 쓴 자 또한 이씨라면 이제 검은 삿갓은 수원 화성에서 왕을 만나 결판을 지을 것이 분명했어요.

검은 삿갓 일당이 왕을 해칠 수도 있는 상황이었으므로 민 종사관 일행은 밤낮없이 말을 달려 수원 화성으로 향했어요.

역사 유적 답사기
충무공 이순신을 기리는 현충사

이순신 장군의 묘가 있는 어라산에서 조금 더 가면 현충사가 있어요.
그곳은 충무공 이순신을 기리는 사당이에요.
숙종 32년에 세워진 현충사는 숙종이 직접 이름을 지었답니다.

새롭게 만든 본전
1967년에 새롭게 만든 본전이에요.
유성룡의 기록을 바탕으로 그린
이순신 장군의 영정이 있어요.

이순신 장군의 사당이 있는 현충사
충청남도 아산시에 있는 현충사는
충무공 이순신 장군을 기리기 위한
사당이에요. 이곳에서 9킬로미터 정도
떨어진 곳에 이순신 장군의 묘가
있어요.

> 수원 화성

조선의 과학으로 쌓아 올린
수원 화성

민 종사관 일행은 수원을 향해 열심히 달려 갔어요. 말을 타고 달리는 동안 민 종사관은 수원 화성을 지은 정조를 떠올렸어요. 정조는 할아버지인 영조의 뒤를 이어 왕위에 오른 조선의 22대 왕이에요. 세종 대왕과 함께 가장 존경받는 왕이지요. 하지만 정조의 아버지인 사도 세자는 무척 불행한 삶을 살았어요. 신하들의 모함으로 억울한 죽음을 맞이하였거든요. 그래서 정조는 초라하게 묻힌 사도 세자의 묘를 더 좋은 곳으로 모시기 위해 수원으로 옮겼어요. 그러면서 아버지의 능 근처에 화성을 짓기 시작했지요. 더불어 강력한 위성 도시를 만들어서 왕의 권력을 강화하고자 하기도 했고요.

사도 세자와 정조

사도 세자는 영조의 아들이자 정조의 아버지예요. 극심한 당파 싸움으로 반대 당파인 노론이 영조와 사도 세자 사이를 이간질했어요. 그로 인해 영조의 노여움을 사서 뒤주에 갇혀 죽음을 맞이하였지요.
이 사실을 안 정조는 왕위에 오르고 나서 아버지 사도 세자에게 '장조'라는 왕의 칭호를 달아 높여 불렀어요.

민 종사관은 정조를 떠올린 후 지금의 왕을 생각했어요. 만약 민 종사관 일행이 옥새를 찾지 못하고 왕실의 보물도 검은 삿갓에게 빼앗긴다면 어쩌면 지금의 어린 왕은 사도 세자처럼 억울한 죽음을 당하게 될지도 모르는 일이었지요. 그런 생각을 하자 민 종사관은 등골이 오싹했어요. 그래서 더 힘차게 말을 몰아 수원 화성에 도착했어요.

다행히 민 종사관 일행은 검은 삿갓보다 먼저 수원 화성에 도착했어요. 이미 행차해 있던 왕은 민 종사관을 불러서 물었어요.

"어찌되었소? 옥새는? 또 왕실의 보물은?"

"아직 아무것도 얻지 못하였습니다. 하지만 그들 또한 아직 왕실의 보물을 발견하지 못하였습니다. 전하! 전하께서는 몸을 피하시고 계심이 좋을 듯합니다. 곧 검은 삿갓을 쓴 자가 옥새를 들고 이곳으로 올 것입니다. 송구하옵게도 그자들은 오늘 이곳에서 보물을 찾아내서 그것과 함께 옥새를 내보이며 자신이 바로 하늘이 내린 새로운 왕이라고 알릴 계획을 세운 것 같습니다. 바로 전하와 사신들 앞에서 말입니다."

민 종사관의 말에도 왕은 흔들리지 않았어요.

"짐은 도망가지 않을 것이오! 이 자리에서 나 또한 그자와 결판을 낼 것이오! 어차피 청나라 사신들도 내일이면 돌아갈 것이니 그 전에 옥새를 찾지 못한다면 이미 궁궐 안에 내가 설 자리는 없소. 비록 많지 않은 군사이나 그들은 정예 부대이니 만큼 자네들에게 도움이 될 것이오. 내 안위는 걱정 말고 군사들과 함께 왕실의 보물을 찾아내고 그들에게서 옥새를 되찾아 주시오."

왕명을 받은 민 종사관은 화성 곳곳을 살폈어요. 그런데 화성 안에서 물건을 나르던 사람들이 수군거리고 있었어요. 민 종사관의 귀에도 그 소리가 들려왔지요.

"지금 궁궐이 난리가 났대! 왕의 덕이 부족해서 옥새를 잃어버렸다고 하더라고. 왕실의 보물과 함께 옥새를 찾는 사람이 새로운 왕이 되어 태평성대를 만들 것이라는 소문이 아주 자자해."

"정말이야? 하긴 누가 왕이 되면 어때? 밥 굶는 일 없이 태평성대만 온다면 말이야."

민 종사관은 눈앞이 깜깜했어요. 온 나라에 이런 헛소문이 퍼졌다니 정말 큰일이었지요.

민 종사관은 옥새만 되찾는다면 그런 소문은 금세 사그라질 것이

 왕의 화성 행차

정조는 수원 화성에 자주 행차해서 아버지의 묘에 인사를 드렸어요. 그리고 활기찬 화성의 모습을 보며 미래에 대한 계획을 세웠어요. 그 당시 정조의 화성 행차는 아주 크고 중대한 일이었지요.

라 생각하며 수원 화성을 둘러보았어요. 수원 화성은 정조가 큰 뜻을 품고 세운 신도시다웠어요. 실학을 활용해 만든 실용적이고 독창적인 화성은 어디를 보아도 지나치거나 모자라지 않았어요. 편리하면서도 세련된 건축물들은 근엄하면서도 튼튼하게 지어져 있었어요.

민 종사관이 팔달문을 지나 행궁에 이르렀을 때였어요. 행궁 안으로 검은 삿갓을 쓴 자와 수많은 군사들이 보였어요.

"검은 삿갓이 언제 왔지? 저곳에 왕실의 보물이 있는 건가!"

민 종사관이 주먹을 부들부들 떨며 말했어요. 그러자 정연이 민 종사관의 팔목을 잡으며 말했어요.

"진정하세요! 우리의 수가 너무 부족해요."

"하지만 시간을 지체할 수가 없어. 목숨을 걸고 끝까지 싸우는 수밖에! 정연은 동초와 선화를 데리고 안전한 곳에 피해 있어!"

민 종사관은 그렇게 말하고는 왕의 군사들을 이끌고 행궁 안으로 쳐들어갔어요. 기습적인 정예 부대의 공격에 검은 삿갓의 군사들이 잠시 당황해 했지만 그 수가 워낙 많아서 쉽게 제압되지는 않았어요. 오히려 민 종사관과 왕의 군사들이 큰 상처를 입고 검은 삿갓 앞으로 끌려갔어요.

검은 삿갓의 뒤로는 어디서 찾아냈는지 커다란 상자가 놓여 있었어요. 상자에는 커다란 자물쇠가 채워져 있었고요. 민 종사관은 커다란 상자 속에 엄청난 왕실의 보물이 들어 있을 거라고 생각했어요.

검은 삿갓을 쓴 자가 민 종사관에게 말했어요.

"어서 단검을 내놓아라! 네게 있다는 것을 진작부터 알고 있었다. 네 놈도 그 단검으로 왕실의 보물 상자를 열려고 한 것이겠지?"

검은 삿갓의 말에 그제야 민 종사관은 단검이 보물 상자를 여는 열쇠라는 것을 알게 되었어요. 민 종사관은 흔들리지 않고 말했어요.

"왕실의 보물을 어찌 네가 차지하려고 하는 거냐?"

"여 봐라! 옥새가 내 손에 있다! 이제 왕실의 보물까지 손에 쥐었으니 이 나라는 곧 내 것이 될 것이다!"

검은 삿갓은 손에 든 옥새를 보여 주었어요. 그때 바람을 가르며 정연이 재빠르게 나타나 옥새를 가로챘어요. 그리고 그 모습을 멀리서 전부 지켜보고 있던 왕에게 건네주었지요. 왕의 뒤로는 동초와 선화가 불러 모은 수많은 백성들이 이 모습을 지켜보고 있었어요.

"숙부님! 어찌 이런 음모를 꾸미셨습니까?"

왕이 원망스러운 눈빛으로 검은 삿갓을 바라보며 말했어요. 왕의 자리를 노리던 검은 삿갓은 바로 왕의 숙부였어요. 검은 삿갓은 순식간에 반전이 되어 버린 분위기에 어쩔 줄 몰라했어요. 검은 삿갓을 지켜보는 백성들의 눈빛이 날카롭고 매서웠지요. 궁지에 몰렸던 민 종사관과 왕의 군사들은 마지막 힘을 내어 검은 삿갓의 군대를 물리쳤어요. 검은 삿갓과 일당들은 죽음을 당하거나 모두 붙잡히는 신세

가 되고 말았지요.

민 종사관은 사건이 정리되자 단검을 왕에게 돌려주며 말했어요.

"전하! 대대로 전해져 내려오던 왕실의 보물은 어찌하실 계획이십니까?"

"선왕들도 끝까지 열어보지 않고 후세에 물려준 것이니, 나도 더 힘든 일을 겪을지도 모를 후세를 위해 그대로 두고 싶소. 다만 수원

정약용의 지휘 아래 건설된 수원 화성

수원 화성은 실용적이면서도 방어 능력이 뛰어나 동양에서 가장 뛰어난 성곽이라는 평가를 받고 있어요. 정조는 자신이 평소에 믿고 아끼던 실학자인 다산 정약용에게 화성의 건축을 맡겼어요. 수원 화성을 만드는 과정은 《화성성역의궤》에 자세히 기록되어 있어요.

《화성성역의궤》는 당시의 건축 방법을 재현할 수 있는 역사적으로 무척 귀중한 자료예요.

화성이 아닌 다른 곳에 두어야겠지."

왕은 보물 상자를 아무도 알지 못하는 곳으로 옮겨 갔어요.

그 후로 궁궐 안팎에 떠돌던 소문들은 민 종사관의 예상대로 싹 사라졌어요. 그리고 청나라 사신들은 아무런 소란 없이 청나라로 돌아갔지요.

선화와 동초는 왕의 특별한 명에 따라 서원에서 공부할 수 있게 되었어요. 민 종사관과 다모 정연은 여전히 왕의 측근에서 보필하는 일을 하면서 하루하루를 보냈고요. 왕의 숙부인 검은 삿갓은 남해의 작은 섬으로 귀양을 가서 검은 삿갓을 쓴 채로 평생 고기잡이를 하게 되었어요.

여전히 어린 왕의 자리를 탐내는 세력들로 궁궐 안은 시끌시끌했지만 왕은 끝까지 포기하지 않고 백성들을 위하는 바른 정치를 펼치겠다고 굳게 다짐했어요.

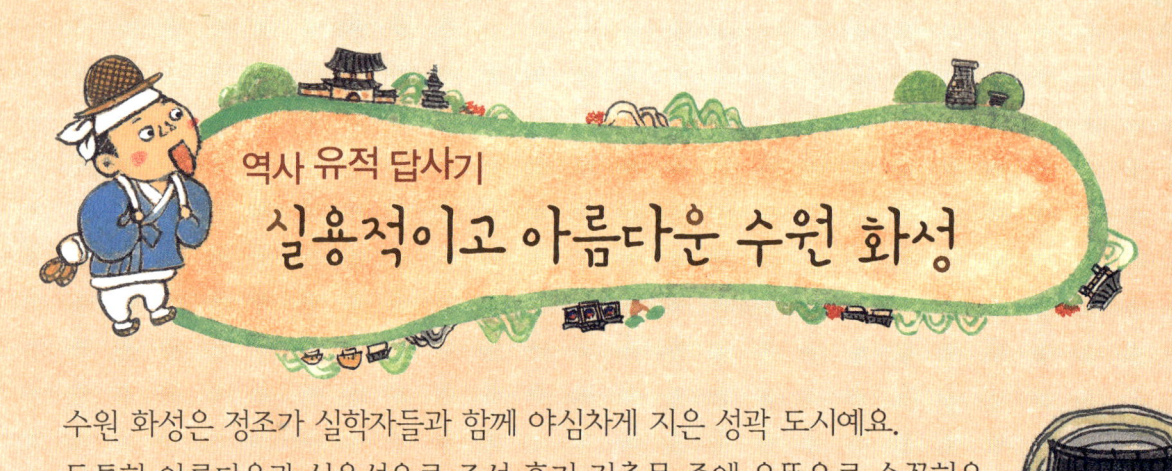

역사 유적 답사기
실용적이고 아름다운 수원 화성

수원 화성은 정조가 실학자들과 함께 야심차게 지은 성곽 도시예요. 독특한 아름다움과 실용성으로 조선 후기 건축물 중에 으뜸으로 손꼽혀요. 첨단 과학 기술을 이용해서 경제적인 효과까지 고려한 건축물이랍니다.

적의 공격을 막는 치성
성벽을 밖으로 돌출시켜 적의 공격을 막는 시설이에요.

동서남북 네 개의 성문
수원 화성에는 동서남북에 각각 네 개의 성문이 있어요. 각 문의 이름은 장안문, 팔달문, 창룡문, 화서문이에요.

내부가 비어 있는 공심돈
공심돈은 내부가 비어 있도록 만든 망루예요. 공심돈 내부에는 마루와 사다리를 만들어 위아래를 오갈 수 있게 했어요.

신호를 주고받는 봉돈
다섯 개의 굴뚝을 가지고 있는 봉돈은 굴뚝을 이용해서 신호를 보낼 수 있었어요.

한눈에 펼쳐 보는 전통문화 역사 유적지

종묘

종묘는 조선의 왕과 왕비의 신위가 모셔진 왕실의 사당이에요. 유교를 정치 이념으로 삼았던 조선시대에는 왕들이 조상에게 제사를 올리는 곳인 종묘와 신들에게 제사를 지내는 곳인 사직단을 무척 중요하게 생각했어요.

세종 대왕릉

세종 대왕의 묘는 경기도 여주에 있어요. 세종 대왕과 소헌 왕후가 함께 합장되어 '영릉'이라고도 해요. 능의 구조와 석상 등의 위치는 《국조오례의》라는 예식법 책에 따라 만들어졌답니다.

도산 서원

퇴계 이황은 누구보다 학식이 높았으며 청렴결백한 성품으로 인해 많은 사람들의 존경을 받았어요. 도산 서원은 퇴계 이황이 직접 제자들을 가르치던 서당을 기반으로 해서 그의 뒤를 따르는 제자들이 세운 학문의 장이랍니다.

현충사

이순신 장군의 묘가 있는 어라산에서 조금 더 가면 현충사가 있어요. 그곳은 충무공 이순신을 기리는 사당이에요. 숙종 32년에 세워진 현충사는 숙종이 직접 이름을 지었답니다.

수원 화성

수원 화성은 정조가 실학자들과 함께 야심차게 지은 성곽 도시예요. 독특한 아름다움과 실용성으로 조선 후기 건축물 중에 으뜸으로 손꼽혀요. 첨단 과학 기술을 이용해서 경제적인 효과까지 고려한 건축물이랍니다.

한눈에 펼쳐 보는 전통문화 역사 유적지

마니산 참성단

참성단은 이 땅에 처음 나라를 세운 단군왕검이 하늘에 제사를 지내던 곳이에요. 그리 웅장하거나 세련되지는 않았지만, 약 4000년 전의 우리 문화를 보여 주는 뜻 깊은 역사 유적지랍니다.

문무 대왕릉

삼국을 통일하고 당나라를 몰아낸 문무왕은 죽을 때까지도 나라를 걱정했어요. 그래서 죽어서도 바다의 용이 되어 나라를 지키겠다며 바다에 묻히기를 바랐지요. 문무 대왕릉은 지금도 거센 파도를 맞으며 바다에 우뚝 솟아 있답니다.

경주 역사 유적지

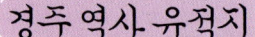

922년 동안 신라와 통일신라의 도읍지였던 경주는 신라의 찬란한 역사를 간직한 유적지들로 가득하지요. 불교의 꽃을 피운 사찰, 왕이 머물던 궁궐 터, 왕의 무덤이 모여 있는 대릉원 등 도시 전체가 수많은 문화재로 가득한 박물관이랍니다.

해인사 팔만대장경판

해인사에는 부처님의 말씀을 집대성한 대장경을 팔만 개의 목판에 새긴 팔만대장경판과 그것을 보관하는 건축물인 장경판전이 있어요. 유네스코에서 지정한 오래도록 보존해야 할 세계문화유산이에요.

경복궁

경복궁은 조선 왕조가 시작된 후 도읍지 한양에 세워진 최초의 궁궐이에요. 하지만 여러 차례 난을 겪으며 제 역할을 하지 못하다가 세종 때에 이르러 비로소 웅장하고 아름다운 면모를 뽐내며 조선 왕조의 중심 역할을 하게 되었답니다.